Comprender la anorexia, la bulimia y el trastorno por atracón

Comprender
la anorexia, la bulimia
y el trastorno por atracón

Dra. Mª Eulalia Lorán Meler
Dr. Luis Sánchez Planell

Amat
editorial

Autores: Dra. Mª Eulalia Lorán Meler, Dr. Luis Sánchez Planell
Director de la colección: Emili Atmetlla

© Editorial Amat, 2013 (www.amateditorial.com)
   Profit Editorial I., S.L., Barcelona, 2013

ISBN: 978-84-9735-675-6
Depósito legal: B-5.439-2013

Diseño cubierta: XicArt
Maquetación: www.eximpre.com
Impreso por: Publidisa

Impreso en España - *Printed in Spain*

Índice

ÍNDICE

1. ¿Qué son los trastornos de la conducta alimentaria (TCA)?

Podemos definir los trastornos de la conducta alimentaria (TCA) como todas aquellas **enfermedades caracterizadas por una desviación de la conducta alimentaria normal, con relación a unas características emocionales y a unas creencias particulares respecto a la comida y la imagen corporal.**

Se plantea la existencia de un TCA en aquellas personas que presentan una conducta alimentaria alterada en su cantidad o estructura (horarios de comida, organización de menús, etcétera), y frecuentemente en ambos, basándose en unas creencias peculiares o patológicas respecto a la alimentación, alteraciones en la percepción y valoración de su propia imagen corporal, junto con otros síntomas característicos a nivel emocional como inseguridad, baja autoestima, dificultades para el manejo de sus emociones, etcétera.

En el término TCA se incluyen diversos trastornos claramente diferenciados, pero que tienen aspectos comunes, como el inicio más frecuente en la juventud, el predominio en el sexo femenino, la tendencia a la cronicidad, la elevada asociación o comorbilidad con otros trastornos psiquiátricos, la elevada frecuencia de complicaciones físicas asociadas y la complejidad de sus tratamientos.

Los TCA no son enfermedades modernas. Hay casos descritos en la Edad Media que solían vincularse a convicciones religiosas que llevaban al ayuno. En las culturas egipcia y romana también están descritas conductas bulímicas y purgativas. Es evidente que los valores que defiende nuestra sociedad favorecen el desarrollo de los TCA, de forma que en las últimas décadas se ha observado un importante incremento en cuanto a su manifestación y detección.

Los sistemas actuales de clasificación de las enfermedades mentales (DSM-IV-TR y CIE 10) tienen un apartado específico para los TCA (véase tabla 1.1). Entre ellos se incluyen la anorexia nerviosa (AN), la bulimia nerviosa (BN) y los trastornos de la conducta alimentaria no especificados (TANE). Este último grupo incluye el trastorno por atracón (*binge eating disorder* BED) y los casos incompletos o atípicos.

El término **anorexia** se refiere a la pérdida del apetito, y es un síntoma clínico que podemos observar en muchas otras enfermedades psiquiátricas o médicas. El **rechazo al alimento** también puede aparecer en otras enfermedades mentales como fobias, trastorno obsesivo, hipocondría, reacciones emocionales a circunstancias vitales adversas, algunas psicosis, drogodependencias, etcétera. Sin embargo, la anorexia nerviosa es una enfermedad mental más compleja que engloba un conjunto de síntomas clínicos característicos.

ANOREXIA NERVIOSA
Tipo restrictivo
Tipo compulsivo/purgativo
BULIMIA NERVIOSA
Tipo purgativo
Tipo no purgativo
TRASTORNO DE LA CONDUCTA ALIMENTARIA NO ESPECIFICADO (TANE)
Casos parciales atípicos de anorexia nerviosa
Casos parciales atípicos de bulimia nerviosa
Trastorno por atracón (*binge eating disorder*) (*BED*)

Tabla 1.1. Clasificación de los TCA (DSM-IV-TR)

Podemos definir la **anorexia nerviosa (AN)** como aquel TCA caracterizado por la restricción alimentaria voluntaria (véase tabla 1.2). La base de esta enfermedad es el *deseo incontrolado de delgadez, que conlleva la consecuente negativa a comer.*

El cuadro clínico se caracteriza por autolimitaciones dietéticas muy severas, alteraciones de la conducta que refuerzan la evitación de la comida, percepción distorsionada de la imagen corporal y miedo intenso a ganar peso, a pesar de la progresiva delgadez que puede llevar a la desnutrición. Ésta provoca síntomas psíquicos y físicos secundarios como la amenorrea o pérdida de la menstruación.

En las clasificaciones actuales, se diferencia entre las formas restrictivas y las purgativas, según la práctica de conductas de purga (vómitos autoinducidos o provocados por la paciente, consumo de laxantes y diuréticos) asociadas a la restricción alimentaria.

A. Rechazo a mantener el peso corporal igual o por encima del valor mínimo normal considerando la edad y la talla (por ejemplo: pérdida de peso que da lugar a un peso inferior al 85% del esperable, o fracaso en conseguir el aumento de peso normal durante el período de crecimiento, dando como resultado un peso corporal inferior al 85% del peso esperable).

B. Miedo intenso a ganar peso o a convertirse en obeso, incluso cuando se está por debajo del peso normal.

C. Alteración de la percepción del peso o la silueta corporales, exageración de su importancia en la autoevaluación o negación del peligro que comporta el bajo peso corporal.

D. En las mujeres pospuberales, presencia de amenorrea, por ejemplo, ausencia de al menos tres ciclos menstruales consecutivos. (Se considera que una mujer presenta amenorrea cuando sus menstruaciones aparecen únicamente con tratamientos hormonales, por ejemplo, con la administración de estrógenos).

Especificar el tipo:

Tipo restrictivo: Durante el episodio de anorexia nerviosa, el individuo no recurre regularmente a atracones o a purgas (por ejemplo, provocación del vómito o uso excesivo de laxantes, diuréticos o enemas).

Tipo compulsivo/purgativo: Durante el episodio de anorexia nerviosa, el individuo recurre regularmente a atracones o a purgas (por ejemplo, provocación del vómito o uso excesivo de laxantes, diuréticos o enemas).

Tabla 1.2. Criterios diagnósticos de la anorexia nerviosa (DSM-IV-TR)

Las **conductas bulímicas** se definen por la aparición de episodios de ingesta incontrolada de gran cantidad de alimentos, que pueden aparecer en pacientes obesos y en los pacientes afectos de anorexia nerviosa de tipo purgativo.

La **bulimia nerviosa (BN)** se describió inicialmente como una fase evolutiva de la anorexia nerviosa en la que predominaban los episodios de descontrol alimentario y los métodos de compensación asociados. Posteriormente se ha ido definiendo como una entidad individualizada, diferenciada de la anorexia nerviosa por la falta de control en cuanto a la ingesta alimentaria (véase tabla 1.3).

Entre los TANE se incluyen los casos parciales o formas incompletas de anorexia nerviosa y bulimia nerviosa, y el **trastorno por atracón o *binge eating disorder (BED)*.** Las formas incompletas o casos parciales son aquellos casos en los que no se cumplen todos los criterios exigidos por los sistemas clasificatorios, o en que no aparecen todos los síntomas clínicos que habitualmente conforman el síndrome clínico. Una situación habitual, por ejemplo, es la de una paciente anoréxica, con bajo peso pero sin pérdida de la menstruación.

El **trastorno por atracón** se refiere a aquellas personas, habitualmente obesas, que comen compulsivamente sin utilizar mecanismos compensatorios para controlar el peso, como hiperactividad física o conductas purgativas (véase tabla 1.4).

A. Presencia de atracones recurrentes. Un atracón se caracteriza por:

1. Ingesta de alimento en poco espacio de tiempo (por ejemplo, en un período de dos horas) en cantidad superior a la que la mayoría de personas ingerirían en un período de tiempo similar y en las mismas circunstancias.

2. Sensación de pérdida de control sobre la ingesta del alimento (por ejemplo, sensación de no poder parar de comer o de no poder controlar el tipo o la cantidad de comida que se está ingiriendo).

B. Conductas compensatorias inapropiadas, de manera repetida, con el fin de no ganar peso, como son provocación del vómito, uso excesivo de laxantes, diuréticos, enemas u otros fármacos; ayuno y ejercicio físico excesivo.

C. Los atracones y las conductas compensatorias inapropiadas tienen lugar, como promedio, al menos dos veces a la semana durante un período de tres meses.

D. La autoevaluación está exageradamente influida por el peso y la silueta corporales.

E. La alteración no aparece exclusivamente en el transcurso de la anorexia nerviosa.

Especificar el tipo:

Tipo purgativo: durante el episodio de bulimia nerviosa, el individuo se provoca regularmente el vómito o usa laxantes, diuréticos o enemas en exceso.

Tipo no purgativo: durante el episodio de bulimia nerviosa, el individuo emplea otras conductas compensatorias inapropiadas, como ayuno o el ejercicio intenso, pero no recurre regularmente al vómito ni usa laxantes, diuréticos o enemas en exceso.

Tabla 1.3. Criterios diagnósticos de la bulimia nerviosa (DSM-IV-TR)

A. Episodios recurrentes de atracones. Un episodio de atracón se caracteriza por las dos condiciones siguientes:

1. Ingesta en un corto período de tiempo (por ejemplo, en dos horas) de una cantidad de comida definitivamente superior a la que la mayoría de la gente podría consumir en el mismo tiempo y en circunstancias similares.

2. Sensación de pérdida de control sobre la ingesta durante el episodio (por ejemplo, sensación de que uno no puede parar de comer o controlar qué o cuánto se está comiendo).

B. Los episodios de atracón se asocian a tres (o más) de los siguientes síntomas:

1. Ingesta mucho más rápida de lo normal.

2. Comer hasta sentirse desagradablemente lleno.

3. Ingesta de grandes cantidades de comida, a pesar de no tener hambre.

4. Comer a solas para esconder su voracidad.

5. Sentirse a disgusto con uno mismo, depresión o gran culpabilidad después del atracón.

C. Profundo malestar al recordar los atracones.

D. Los atracones se producen, como media, al menos 2 días a la semana durante 6 meses.

E. El atracón no se asocia a estrategias compensatorias inadecuadas (por ejemplo, purgas, ayuno, ejercicio físico excesivo) y no aparece exclusivamente en el transcurso de una anorexia nerviosa o bulimia nerviosa.

Tabla 1.4. Criterios diagnósticos del trastorno por atracón (DSM-IV-TR)

La **obesidad** no se considera un TCA primariamente psiquiátrico, ni está incluida en las clasificaciones de los trastornos mentales. Se considera una condición médica con múltiples factores causales y manifestaciones clínicas muy variadas.

En determinados casos de obesidad sí que se observa una conducta alimentaria de ingesta excesiva con fines ansiolíticos que condiciona la obesidad a largo plazo. En otros casos de obesidad se desarrollan cuadros ansioso-depresivos reactivos a las consecuencias funcionales, sociales, etcétera, de la obesidad.

Puntos clave

- Los trastornos de la conducta alimentaria (TCA) son aquellas enfermedades caracterizadas por una desviación de la conducta alimentaria normal en relación con unas características emocionales y a unas creencias particulares respecto a la comida y la imagen corporal.
- Entre los TCA se incluyen la anorexia nerviosa, la bulimia nerviosa y los trastornos de la conducta alimentaria no especificados (TANE): el trastorno por atracón (*binge eating disorder,* BED) y los casos incompletos o atípicos.
- La anorexia nerviosa se caracteriza por la restricción alimentaria voluntaria y la pérdida de peso.
- La bulimia nerviosa se caracteriza por la falta de control en cuanto a la ingesta alimentaria, con aparición de atracones y conductas compensatorias.
- Entre los TANE se incluyen las formas clínicas incompletas y el trastorno por atracón, que se define por la ingesta de forma compulsiva sin conductas compensatorias.

¿A quién
afectan los TCA y
con qué frecuencia?

2. ¿A quién afectan los TCA y con qué frecuencia?

Los TCA (Trastornos de la Conducta Alimentaria) pueden afectar a cualquier persona, pero es más frecuente su aparición en mujeres, al final de la adolescencia y al inicio de la juventud. Esta edad es de mayor vulnerabilidad porque es aquella en la que se producen los cambios corporales propios de la pubertad, y se asocian a frecuentes sentimientos de insatisfacción corporal junto con las dificultades emocionales propias de la adolescencia.

En las últimas décadas se observa un incremento en la detección de casos de inicio en la infancia o en la edad adulta. Habitualmente, la bulimia nerviosa tiene un inicio más tardío que la anorexia nerviosa.

Los TCA también afectan a la población masculina, aunque con menor frecuencia y con características clínicas algo diferenciadas. Así, vemos como la bulimia nerviosa es muy poco frecuente en varones, y que la anorexia nerviosa en hombres se manifiesta muy vinculada a aspectos de sobrevaloración del cuidado de la salud y del ejercicio físico.

Es importante destacar que existen unas poblaciones de riesgo en las que es más frecuente el TCA, por la mayor vulnerabilidad en relación con factores socioculturales que pueden jugar un papel determinante en el desarrollo del TCA, como ideales estéticos de delgadez, elevados niveles de exigencia, etcétera (por ejemplo, deportistas, gimnastas, bailarinas, modelos...). En estas poblaciones de riesgo la prevalencia es tres o cuatro veces mayor que en la población general.

La aparición de un TCA es más frecuente entre los familiares de un paciente ya afecto al trastorno. Es también destacable que se trata de un grupo de patologías propias de la cultura occidental, que son poco frecuentes en Asia y África. Sin embargo, se detectan cada vez con más frecuencia en pacientes inmigrantes al integrarse en países occidentales, probablemente por la influencia de factores socioculturales. En principio, se consideraba que afectaba más a grupos sociales de nivel socioeconómico alto, pero actualmente se observa una afectación uniforme de todas las clases sociales.

Las particularidades de esta patología (tendencia a ocultar la enfermedad, casos parciales, transición de anorexia a bulimia, etcétera), dificultan la práctica de estudios estadísticos. Sin embargo, es importante resaltar el incremento de casos a partir de la década de los sesenta, probablemente por factores socioculturales y por el aumento de la sensibilidad diagnóstica hacia estos trastornos.

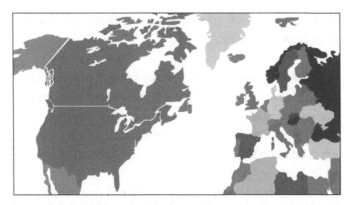

Figura 2.1. *Los TCA son patologías propias de la cultura occidental, y poco frecuentes en Asia y África*

En cuanto a la **anorexia nerviosa**, la incidencia (número de casos nuevos en un período determinado) ha aumentado notablemente en las últimas décadas. En la actualidad se observa una tendencia a la estabilidad, que contrasta con el aumento progresivo de casos de bulimia nerviosa.

La prevalencia (proporción de individuos afectos en un momento determinado) en varones no es superior al 10% de los casos, incluidos hombres y mujeres. En los países occidentales la incidencia es de 8 casos por cada 100.000 habitantes. En España se ha objetivado una prevalencia total de TCA entre mujeres de 12 a 21 años de edad, del 4,1 al 6,4%; y del 0,14% al 0,69% para la anorexia nerviosa.

En relación con la **bulimia nerviosa,** parece que la prevalencia en mujeres adolescentes y jóvenes oscila entre 0,5-1%, aunque probablemente esta tasa es mucho menor en la realidad, ya que se cree que sólo una minoría de estas pacientes solicita tratamiento.

En España hay diversos estudios que cifran la prevalencia de la bulimia nerviosa entre 0,41 y 1,38%. Respecto a los síndromes parciales (es decir; aquellos que no cumplen todos los criterios clínicos para su diagnóstico) se marca su prevalencia en torno al 3%.

El **trastorno por atracón** se manifiesta con mucha más frecuencia entre la población femenina. Es frecuente en pacientes obesos y su prevalencia aumenta en relación al grado de obesidad. En diversos estudios recientes se ha cifrado su prevalencia en población general entre el 1 y el 3%.

Podemos resumir estos datos diciendo que aproximadamente entre el 4 y el 6% de las mujeres adolescentes y jóvenes españolas están sufriendo un trastorno de la conducta alimentaria.

Es importante resaltar cómo el incremento progresivo de la obesidad infantil en nuestra sociedad es un factor importante en la futura aparición de TCA en la juventud y edad adulta. Se ha detectado en estudios recientes que un 23,5% de los niños españoles entre 3 y 5 años sufren obesidad o sobrepeso. Estos porcentajes triplican las cifras de hace unos 30 años y superan las cifras de Estados Unidos, lo cual hace prever un incremento en el número de casos de TCA en los próximos años.

Puntos clave

- Los TCA afectan con mayor frecuencia a mujeres, al final de la adolescencia y al inicio de la juventud, siendo la bulimia algo más tardía en su aparición que la anorexia.
- Hay poblaciones de riesgo más vulnerables al desarrollo de un TCA, por aspectos de personalidad (elevada autoexigencia, perfeccionismo) y práctica de determinados deportes o actividades relacionadas con determinados ámbitos (moda, imagen, etcétera).
- Los TCA son un grupo de patologías propias de la cultura occidental y afectan de forma uniforme a todas las clases sociales.
- Los TCA son menos frecuentes entre la población masculina y se relacionan con aspectos de sobrevaloración del cuidado de la salud y del ejercicio físico.
- Del 4 al 6% de la población femenina adolescente y joven padece un TCA.
- En los últimos años la incidencia de la anorexia tiende a estabilizarse, frente al aumento progresivo de casos de bulimia nerviosa.
- Es importante resaltar cómo el incremento progresivo de la obesidad infantil en nuestra sociedad es un factor importante en la futura aparición de TCA en la juventud y en la edad adulta.

3. ¿Cuáles son los síntomas de los TCA?

Hay muchas características clínicas que son comunes a los diferentes trastornos de la conducta alimentaria y es frecuente que un mismo individuo desarrolle diversas formas clínicas en momentos diferentes de su vida. Así, veremos cómo es frecuente que el TCA (transtorno de la conducta alimentaria) se inicie en torno a la restricción alimentaria y que, posteriormente, evolucione hacia formas purgativas.

Por ello, intentaremos hacer una descripción individualizada de cada uno de los trastornos, para poder entender después como estos TCA evolucionan de diversas formas en cada caso, según otros factores influyentes, como la personalidad, las experiencias vitales, etcétera.

Clínica de la anorexia nerviosa (AN)

Los síntomas fundamentales de la anorexia nerviosa son:

• Deseo irrefrenable de delgadez con intenso miedo a engordar, que lleva a rechazar el alimento y a la pérdida de peso progresiva.

• Percepción distorsionada de la propia imagen corporal, con incapacidad para reconocer la progresiva delgadez.

• Alteraciones de la menstruación en forma de disminución de la cantidad e irregularidades, que pueden llegar a la amenorrea o pérdida de la menstruación.

La anorexia nerviosa suele manifestarse en niñas y adolescentes sin alteraciones mentales previas ni obesidad destacable, aunque es frecuente que exista un cierto sobrepeso previo y una insatisfacción clara con alguna parte de su cuerpo que les provoca un sentimiento de inseguridad y les induce a iniciar una dieta.

En este contexto se inicia una **dieta restrictiva** que, en ocasiones, está guiada inicialmente por algún médico o nutricionista. Esta dieta se va acentuando progresivamente y, a veces se atribuirá a molestias digestivas, inapetencia u otros síntomas físicos.

Gradualmente, se irá estructurando una conducta alimentaria anormal con un número creciente de alimentos prohibidos, pautas cada vez más extravagantes y una serie de conductas encaminadas a disminuir la ingesta. Son características la manipulación peculiar de los alimentos (por ejemplo, mezclar los alimentos del primer y segundo plato en uno solo, trocear excesivamente los alimentos, aliñar excesivamente los platos, etcétera), el ritmo de las comidas muy lento, el deseo de comer sola, la ocultación de la comida, las mentiras respecto a lo que ha comido, los rituales obsesivos en torno a la conducta alimentaria, etcétera.

Figura 3.1. Las comidas suelen ser momentos de tensión para los pacientes que padecen anorexia nerviosa y para sus familias

El pensamiento está centrado en el deseo de delgadez y el miedo a engordar, lo que conlleva un control estricto de la alimentación. Es curioso, cómo esta preocupación sobre la alimentación les lleva, en ocasiones, a controlar la dieta de sus familiares y a centrar su actividad en torno a la cocina y la manipulación de alimentos que luego ellas no comerán. El tema fundamental de su pensamiento es la comida, el peso y el control de la alimentación.

En las fases iniciales, los pacientes no pierden el apetito y controlan la **sensación de hambre** de forma tenaz, aunque en fases más avanzadas el hambre llega a desaparecer. En los casos de anorexia nerviosa restrictiva disminuye la ingesta de alimentos de manera muy estricta, lo que lleva a una pérdida de peso progresiva hasta llegar a la desnutrición e incluso a situaciones de caquexia extrema (estado de desnutrición severa, con atrofia de los músculos y debilidad generalizada que lleva a la postración en cama).

En los casos diagnosticados de **anorexia nerviosa purgativa**, los pacientes no consiguen mantener este control tan estricto de la sensación de hambre y fracasan en su voluntad de mantener la restricción alimentaria. En ese momento, pueden aparecer conductas bulímicas en forma de atracones y conductas purgativas compensatorias, como la provocación del vómito o el abuso de laxantes y diuréticos junto con la intensificación de las conductas alimentarias restrictivas.

El paciente suele considerar estas conductas purgativas como una solución mágica para evitar el aumento de peso, sin ser consciente de lo peligrosas que son para su salud. Los pacientes de este grupo suelen tener otras conductas impulsivas, junto al abuso de alcohol y drogodependencias y tienen mayor riesgo de cometer suicidio.

Es frecuente que desde el inicio aparezca una tendencia marcada a la **hiperactividad**, que se pone de manifiesto en todas las actividades de la persona que padece la anorexia: laboral, académica, física.

Figura 3.2. Es habitual que los pacientes que padecen anorexia nerviosa desarrollen una hiperactividad física con el objetivo de perder peso

Como consecuencia de la restricción alimentaria, la hiperactividad física y la presencia o no de conductas purgativas, se produce una pérdida de peso progresiva, en un período de tiempo relativamente breve, que conduce a niveles de peso muy inferiores a los fijados inicialmente como objetivo cuando se planteó iniciar la dieta.

Los pacientes con anorexia controlan el peso de forma obsesiva, pesándose a diario o incluso después de cada ingesta o de cada conducta purgativa. En casos de inicio precoz (infancia y adolescencia), en lugar de una pérdida de peso, puede producirse un retraso en el crecimiento y la ganancia de peso propia de este proceso.

Figura 3.3. *El control obsesivo del peso es una característica habitual en la anorexia nerviosa*

Para evaluar el peso, se utiliza un índice que no tiene en cuenta únicamente la unidad de peso y que permite tener una valoración más completa del estado nutricional. Es el índice de masa corporal:

IMC = peso (kilogramos) / altura (metros al cuadrado)

El IMC que corresponde a un peso y un estado nutricional saludable oscila entre 20 y 24. Cifras inferiores a 20 se consideran bajo peso. Diagnosticaremos anorexia nerviosa a los pacientes con IMC inferiores a 18 que cumplan el resto de criterios clínicos descritos anteriormente.

La **amenorrea** o pérdida de la menstruación puede producirse en fases iniciales antes de que la pérdida de peso sea destacada, pero suele ser una consecuencia de dicha pérdida y de la reducción de la ingesta calórica. La menstruación es un proceso controlado por unas hormonas llamadas gonadotropinas (LH-lutropina, FSH-folitropina), que son liberadas en una región cerebral llamada hipotálamo, muy sensible a diversas influencias fisiológicas (nutrición, peso) y ambientales (estrés). Las gonadotropinas actúan estimulando la producción de estrógenos en los ovarios.

La disminución de la ingesta, la pérdida de peso y la desnutrición provocan una alteración en el funcionamiento del hipotálamo, que implica una reducción de la secreción de gonadotropinas y de estrógenos. El organismo retrocede a un ambiente hormonal propio de la infancia, y para que vuelva a normalizarse será necesaria la recuperación y el mantenimiento del peso corporal.

En la situación de bajo peso, pueden producirse otras alteraciones hormonales secundarias, además de la amenorrea, así como alteraciones en la termorregulación, con tendencia al descenso de la temperatura corporal.

Junto a la restricción alimentaria, la pérdida de peso y la progresiva desnutrición, se produce en el paciente un **cambio significativo en el estado de ánimo**, con marcada irritabilidad, tristeza, tendencia al aislamiento social con claras dificultades para expresar sus emociones a las personas de su entorno, y una progresiva desorganización de su vida familiar y social.

Son frecuentes también el insomnio y la disminución del deseo sexual. La alimentación se convierte en el centro de la vida del paciente, que suele ir perdiendo el interés por otros aspectos importantes de la vida.

En estados de desnutrición es habitual que también aparezcan síntomas obsesivos, como rituales de limpieza y orden, pensamientos absurdos, intrusos y repetitivos, y se va produciendo una progresiva disminución del rendimiento intelectual, con dificultades de concentración y empeoramiento en cuanto a resultados académicos y laborales. Estos síntomas psicológicos suelen mejorar con la recuperación de peso.

Es habitual que la persona afecta de anorexia nerviosa **niegue la enfermedad**, muestre poca preocupación por su estado físico, a pesar de la progresiva delgadez y la desnutrición, y no busque ayuda médica. Esta reacción podemos entenderla si comprendemos que el paciente se ve de forma distorsionada y puede percibir su cuerpo o partes concretas del mismo como si fueran de una dimensión mayor a la real, a pesar de la evidente situación de delgadez.

Figura 3.4. *La insatisfacción con el propio cuerpo y la percepción distorsionada de la imagen corporal son características de la anorexia nerviosa*

En estas situaciones es fundamental la actitud de las personas de su entorno, para que le ayuden a tomar conciencia sobre la existencia de una enfermedad y la necesidad de acudir al médico, e incluso para obligarle a iniciar un tratamiento especializado y evitar así una evolución hacia la cronicidad.

Clínica de la bulimia nerviosa (BN)

Los síntomas fundamentales de la bulimia nerviosa son:

* Preocupación excesiva por el peso y la figura, con miedo enfermizo a engordar.

* Deseos incontrolados de comer en exceso, que llevan a realizar atracones de gran cantidad de alimento junto con la vivencia de falta de control sobre la ingesta.

* Evitación de los efectos engordantes de la comida mediante la inducción del vómito y el abuso de diuréticos o laxantes.

La bulimia nerviosa es un TCA que suele iniciarse al final de la adolescencia o al inicio de la década de los veinte años. La bulimia nerviosa es una patología muy heterogénea en cuanto a sus formas de inicio y su evolución. Aproximadamente la mitad de los pacientes que padecen bulimia tiene una historia de anorexia nerviosa previa.

Es también frecuente que haya algo de sobrepeso antes del inicio de la bulimia asociado a una clara insatisfacción con la imagen corporal, que lleva a iniciar una dieta.

Entre los pacientes que padecen bulimia nerviosa es muy frecuente que al inicio, en la adolescencia o juventud temprana, no cumplan todos los criterios diagnósticos citados anteriormente y se incluyan entre los TANE. Estos cuadros clínicos se agravan en edades más tardías por situaciones estresantes y evolucionan hacia una bulimia nerviosa claramente descompensada. En estos estadios avanzados de la enfermedad es cuando el paciente busca ayuda médica o psicológica ante la vivencia de descontrol en su vida. Por ello, es fundamental solicitar tratamiento a pesar de padecer un trastorno alimentario incompleto, ya que su evolución habitual es hacia el agravamiento y la consolidación de un TCA franco.

El síntoma más característico es el de los **episodios bulímicos**. Se caracterizan por la ingesta de gran cantidad de alimento en un breve período de tiempo, acompañada por la sensación de pérdida de control es decir, de no poder parar de comer o de no poder controlar el tipo o cantidad de comida.

Los atracones pueden ser desencadenados por situaciones de ayuno, por estados de ánimo con afectos negativos (enfado, frustración, tristeza) y por situaciones relacionadas con la comida (por ejemplo, estar rodeado por gran cantidad de alimentos "prohibidos" desde un planteamiento de dieta). Estos episodios son vividos muy negativamente por el paciente y fomentan una autoestima muy baja y el aislamiento social.

Los atracones van seguidos de **mecanismos compensatorios** para evitar el aumento de peso que provocarían las ingestas alimentarias excesivas o los atracones. El método más frecuente es la provocación del **vómito**.

El **abuso de laxantes** es también muy frecuente, pero pocas veces se utiliza como recurso único por su poca eficacia para evitar la absorción de los alimentos ingeridos. Los laxantes y los **diuréticos** provocan una deshidratación que el paciente interpreta como pérdida de peso. Al dejar de tomar unos u otros suele producirse retención de líquidos, que es vivida por el paciente como un aumento de peso, y provoca el reinicio de su consumo de forma continuada.

Otras formas de compensar el efecto de los atracones son el ayuno, el uso de sustancias anorexígenas, que provocan la pérdida o disminución de la sensación de hambre y la práctica de ejercicio físico exagerado.

Son pacientes que suelen seguir unos hábitos alimentarios restrictivos o de dieta en las comidas principales, sobre todo cuando están acompañados de familiares o amigos. Sin embargo, en situaciones de soledad, realizan los atracones o comen alimentos que consideran como "prohibidos" dentro de la dieta (por ejemplo, dulces, patatas fritas, chocolate, helados, etcétera).

La mayoría de personas afectas de bulimia tienen una preocupación excesiva por el peso y por su imagen corporal y **no se sienten satisfechas con su cuerpo**. Suelen mantenerse en un peso que está dentro de los márgenes de normalidad, aunque con cierta tendencia al sobrepeso y a las oscilaciones frecuentes de peso.

En comparación con la anorexia nerviosa, los pacientes que padecen bulimia nerviosa suelen ser conscientes de que sus conductas no son normales y, por tanto, es más fácil que tomen conciencia de la gravedad de su enfermedad y soliciten ayuda médica.

Clínica del trastorno por atracón

Como ya hemos comentado al describir el concepto de trastorno por atracón, el síntoma clínico más característico es la **ingesta excesiva de comida, sin conductas compensatorias asociadas**.

Es habitual que estos pacientes tengan unos hábitos alimentarios muy desordenados y tendencia al picoteo frecuente, junto a atracones vividos con la sensación de pérdida de control. Posteriormente no hacen restricción alimentaria ni hiperactividad física ni conductas de purga, por lo que presentan un incremento de peso progresivo que puede llevarles hasta la obesidad mórbida.

Las personas que padecen un trastorno por atracón suelen presentar obesidad e inician las dietas con la intención de perder peso más precozmente que los obesos que no padecen trastorno por atracón. También suelen tener menor autoestima y tienen más dificultades para interpretar las sensaciones de hambre y saciedad.

Complicaciones físicas de la anorexia nerviosa y la bulimia nerviosa

Anorexia nerviosa

Las consecuencias físicas de la desnutrición, junto con el abuso de diuréticos y laxantes con intenciones purgativas, afectan a todos los sistemas del organismo (véase tabla 3.1). En muchos casos de anorexia nerviosa restrictiva las analíticas pueden permanecer normales durante meses, ya que el organismo del paciente va consumiendo las reservas vitamínicas acumuladas en los depósitos fisiológicos.

Sin embargo, el grupo de pacientes que realizan conductas purgativas presentan alteraciones analíticas mucho antes que el resto, ya que el vómito y el consumo de laxantes provocan en el organismo pérdidas hidroelectrolíticas y de nutrientes de forma muy rápida e intensa.

Las **alteraciones hidroelectrolíticas** son una complicación frecuente en los pacientes con anorexia que realizan conductas purgativas, por pérdida de líquidos y sales. El **descenso de potasio** provoca calambres musculares, debilidad y arritmias cardíacas, que en situaciones extremas pueden causar la muerte, por lo que es muy importante su tratamiento. La bradicardia o descenso de la frecuencia cardíaca es un síntoma de alarma. El descenso de fósforo puede tener también consecuencias fatales, principalmente al rehidratar a estos pacientes.

Cardiovasculares:

Bradicardia, hipotensión arterial, arritmias cardíacas, acrocianosis.

Gastrointestinales:

Enlentecimiento del vaciado gástrico, estreñimiento, elevación de enzimas hepáticas.

Renales:

Disminución del filtrado glomerular, edemas, litiasis renal.

Hematológicas:

Anemia, leucopenia, trombocitopenia, hipoplasia medular, degeneración gelatinosa.

Endocrinometabólicas:

Ovarios poliquísticos, amenorrea, alteración de la termorregulación, disfunción tiroidea, aumento del colesterol, descenso de la glucemia y las proteínas, incremento del cortisol, osteopenia y osteoporosis.

Otras:

Deshidratación, alteraciones electrolíticas, pérdida de cabello, lanugo (vello fino por toda la superficie corporal).

Tabla 3.1. Complicaciones físicas de la anorexia nerviosa

La **osteoporosis** es una de las complicaciones médicas más graves. Está causada por el déficit de estrógenos asociado a la amenorrea, la desnutrición, la disminución de la ingesta de calcio y el incremento de cortisol. La osteoporosis debilita la estructura del hueso y favorece las fracturas óseas.

La osteoporosis es una enfermedad habitual en mujeres maduras, como consecuencia de los cambios hormonales propios de la menopausia. Sin embargo, la amenorrea de larga evolución puede hacer que la estructura de los huesos de las mujeres jóvenes que padecen anorexia sea como la de una mujer en plena menopausia. Ningún tratamiento específico para la osteoporosis tiene eficacia en la anorexia nerviosa si no se produce una recuperación de peso que permita una función menstrual normal.

Bulimia nerviosa

Los síntomas físicos y las complicaciones médicas de la **bulimia nerviosa** están provocados por los vómitos y el abuso de laxantes y diuréticos. Los signos físicos más frecuentes son:

- **Signo de Russell**: callosidades en la base de los dedos por la introducción repetida de los dedos en la boca para provocarse el vómito.

- **Hipertrofia de las glándulas salivares**: por irritación y déficits nutritivos. Es propia de pacientes que se provocan el vómito crónicamente.

- **Alteraciones orales**: gingivitis, glositis, caries, erosión del esmalte dental, con pérdida frecuente de piezas dentales.

Se producen **alteraciones en el equilibrio hidroelectrolítico** en prácticamente la mitad de los pacientes afectados de bulimia, provocadas por los vómitos y el abuso de laxantes y diuréticos.

La hipopotasemia, o descenso de los niveles de potasio en sangre, está causada por la pérdida de ácido gástrico con el vómito y por las diarreas acuosas producidas por los laxantes. Como hemos comentado anteriormente, el descenso de potasio se asocia a debilidad muscular y arritmias cardíacas graves que pueden causar la muerte. Es fundamental controlar y corregir periódicamente los niveles de potasio en sangre en este tipo de pacientes.

La osteopenia (disminución de la densidad ósea precursora de la osteoporosis) y la osteoporosis pueden aparecer en pacientes con bulimia que hayan padecido una anorexia previa.

La provocación del vómito es responsable de las **complicaciones gastrointestinales o digestivas**. Es frecuente que los vómitos causen esofagitis por reflujo (inflamación de la mucosa que recubre el esófago provocada por los ácidos gástricos), úlcera gastroduodenal y, raramente, perforaciones esofágica y gástrica (por la presión que ejerce el vómito sobre la pared esofágica y por la distensión gástrica provocada por el atracón). En situaciones extremas pueden complicarse con pancreatitis y dilataciones gástricas agudas tras atracones importantes. Es muy frecuente que el abuso de laxantes provoque estreñimiento severo y problemas de ritmo intestinal.

También pueden darse **complicaciones neurológicas**, como convulsiones derivadas de las alteraciones hidroelectrolíticas, dilatación de los ventrículos cerebrales y ensanchamiento de los surcos cerebrales por la desnutrición. Pueden aparecer **alteraciones hormonales** y **metabólicas** secundarias a la desnutrición, junto con amenorrea, a pesar de estar en un peso normal.

Patología psiquiátrica asociada a la anorexia nerviosa, a la bulimia nerviosa y al trastorno por atracón

Anorexia nerviosa

Uno de los aspectos psicológicos a considerar en el caso de las personas afectas de **anorexia nerviosa** es el de la **personalidad**. Hay determinados rasgos de personalidad que se relacionan con una vulnerabilidad o una mayor predisposición a la anorexia, como la rigidez, el perfeccionismo, la responsabilidad exagerada, la obsesividad y la contención emocional.

Muchos de estos rasgos de personalidad también desempeñan un papel importante en el mantenimiento del trastorno de la conducta alimentaria, y deben tenerse en cuenta a la hora de enfocar el tratamiento de estas enfermedades.

Los **síntomas depresivos** son también habituales en la anorexia nerviosa. Frecuentemente, son atribuibles a la escasa ingesta de alimentos, al bajo peso y a la desnutrición que presenta el paciente.

Podemos observar falta de energía, apatía, cansancio excesivo, trastornos del sueño, tendencia al aislamiento social, irritabilidad, disminución de la capacidad de concentración, poco impulso vital, etcétera. Estos síntomas pueden mejorar sin tratamiento específico al recuperar el peso. En algunos casos, la clínica depresiva puede llegar a ser grave e incluso asociarse a un relativo riesgo de suicidio, por lo que requerirá un tratamiento antidepresivo específico.

Bulimia nerviosa

La aparición de **trastornos del estado de ánimo** también es frecuente entre los pacientes afectos de **bulimia nerviosa**. La depresión mayor es el diagnóstico más habitual (puede ampliarse la información sobre esta patología depresiva en el libro de esta misma colección titulado *Comprender la depresión*). En la mayoría de los casos, los síntomas depresivos son secundarios al cuadro bulímico, evolucionan de forma paralela al trastorno alimentario y suelen mejorar con los métodos de tratamiento psicológico específicos para la bulimia nerviosa.

También son frecuentes los **trastornos de ansiedad**, como la fobia social, los trastornos de pánico, las fobias simples, la agorafobia (miedo a los espacios abiertos, a las multitudes, o a situaciones en las que el paciente se siente indefenso) y el trastorno obsesivo.

Los síntomas ansiosos que se manifiestan en la bulimia suelen estar muy vinculados al trastorno alimentario, y a la sobrevaloración de la imagen corporal y el peso. Así podemos observar síntomas de ansiedad en situaciones en que el paciente tiene que exponer su cuerpo en una situación social (por ejemplo, ir a la playa, compra de ropa, etcétera.). Es habitual que mejoren cuando el TCA se va resolviendo.

Una proporción importante de pacientes afectados de bulimia realizan un **consumo excesivo de alcohol** y de **otras sustancias psicoactivas.** Este grupo de pacientes se caracteriza por tener una estructura de personalidad en la que destaca la elevada impulsividad.

Un subgrupo de pacientes de especial gravedad manifiesta otros trastornos del control de los impulsos, como la cleptomanía, las autolesiones, la promiscuidad sexual, etcétera. Este subgrupo se engloba en el término de bulimia multiimpulsiva.

Hay algunos **trastornos de la personalidad** que se asocian con más frecuencia a la bulimia nerviosa y a la anorexia purgativa que a la anorexia restrictiva. Entre los TCA con conductas purgativas (bulimia y anorexia purgativa) es más frecuente detectar trastornos de personalidad como el trastorno límite, el trastorno histriónico, el trastorno por evitación y por dependencia. En la anorexia restrictiva es más frecuente el trastorno de personalidad obsesivo-compulsivo.

Es importante tener en cuenta que las alteraciones de la conducta y los síntomas que pueden llevarnos a sospechar un trastorno de la personalidad pueden ser secundarios a la alteración alimentaria y hay que evaluarlos con prudencia, ya que pueden mejorar o desaparecer tras el tratamiento del TCA.

Trastorno por atracón

Los enfermos obesos afectos de **trastorno por atracón** o *binge eating disorder* (**BED**) suelen tener una patología psiquiátrica asociada similar a la de los pacientes afectos de bulimia nerviosa. La mitad de los pacientes obesos con BED presentan episodios de depresión mayor, mientras que los obesos sin BED tienen una tasa mucho menor de cuadros depresivos. Este grupo de pacientes también presenta mayor prevalencia de abuso de alcohol y sustancias psicoactivas, así como trastornos de la personalidad (de tipo evitativo, histriónico y límite).

Puntos clave

- La anorexia nerviosa se caracteriza por deseo de delgadez e intenso miedo a engordar, lo cual lleva a rechazar el alimento y a la pérdida de peso progresiva. Hay una percepción distorsionada de la propia imagen corporal y alteraciones de la menstruación que pueden llegar a la amenorrea.
- La bulimia nerviosa se caracteriza por una preocupación excesiva por el peso y la figura, acompañada de un deseo incontrolado de comer en exceso que provoca los atracones y las conductas compensatorias, como el ayuno, la inducción del vómito y el abuso de diuréticos o laxantes.
- Las personas afectas de un TCA pueden presentar complicaciones físicas como osteoporosis, alteraciones hidroelectrolíticas por las conductas purgativas, trastornos digestivos, neurológicos y hormonales.
- Es frecuente que los TCA se asocien a otras patologías psiquiátricas como trastornos de personalidad, trastornos de ansiedad, síndromes depresivos, trastorno obsesivo-compulsivo y abuso de alcohol y otros tóxicos.

4. ¿Por qué se desarrollan y cómo se perpetúan los TCA?

El proceso que desencadena un TCA (Trastornos de la Conducta Alimentaria) está provocado por una serie de factores de naturaleza biológica (genéticos, neuroquímicos), psicológica y ambiental que se influyen mutuamente. Ninguno de ellos es capaz de provocar por sí solo el TCA, y será su interacción la que iniciará la enfermedad.

Este enfoque multifactorial se conoce como **biopsicosocial** y es el que nos permitirá entender con más facilidad el desarrollo y mantenimiento de los TCA (véase figura 4.1).

Podemos diferenciar los siguientes factores favorecedores del desarrollo de un TCA:

- **Factores predisponentes**: aquellos que facilitan la aparición del cuadro, pero que no implican que el TCA vaya a desarrollarse de forma inevitable.

- **Factores desencadenantes o precipitantes**: aquellas situaciones o conductas que precipitan el inicio del TCA.

- **Factores perpetuadores o de mantenimiento**: aquellos factores predisponentes o desencadenantes no resueltos, que favorecen que el TCA se convierta en crónico.

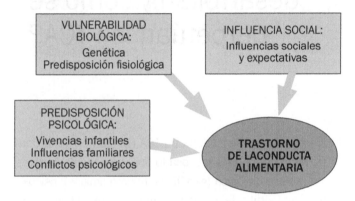

Figura. 4.1. Modelo multifactorial de la etiología de los TCA

Factores predisponentes

Los dividiremos en individuales, familiares y socioculturales.

Factores individuales

El factor de riesgo fundamental es el *género femenino*, tanto por factores biológicos o de vulnerabilidad neuroendocrina como por factores psicosociales.

Otro factor predisponente destacable es la *obesidad* o *sobrepeso previo*, así como la *insatisfacción corporal*, ya que suelen favorecer la práctica de dietas alimentarias, que pueden ser precursoras del TCA.

En el origen de la **anorexia nerviosa** son importantes los *factores psicológicos*: estilos de pensamiento muy rígidos y rasgos obsesivos de personalidad, como el cumplimiento estricto de normas sociales o familiares con tendencia a la sumisión, la necesidad de aprobación, la elevada autoexigencia y el exceso de responsabilidad, con vivencias continuadas de frustración frente a los objetivos marcados.

Figura 4.2. *La elevada exigencia personal, el perfeccionismo y la tendencia al aislamiento son propias de los pacientes con anorexia nerviosa*

Suelen ser personas con baja autoestima, que dudan de su valía personal, tienen dificultades para tratar abiertamente con emociones problemáticas, son dependientes de otras personas y temen perder el control de sus emociones. En este perfil de personalidad, la vivencia de control del peso y la alimentación se asocia al control emocional, lo que proporciona al paciente una falsa sensación de seguridad y de capacidad de afrontamiento de los problemas ambientales.

En la génesis de la **bulimia nerviosa** se observan *rasgos de personalidad* como la búsqueda de sensaciones, falta de constancia, tendencia a reacciones emocionales negativas frente a situaciones de rechazo o de falta de gratificación. Estos rasgos van en contra de la rigidez necesaria para mantener la restricción dietética y favorecen la aparición de conductas bulímicas.

Algunos pacientes afectos de bulimia presentan también marcada impulsividad, desinhibición e inestabilidad afectiva con cambios frecuentes de humor (tristeza, euforia, irritabilidad), y viven el atracón y el vómito como mecanismos de alivio de sus emociones negativas. Clásicamente, se han asociado los trastornos afectivos a los TCA, sin que haya podido confirmarse la existencia de una causa común. Sin embargo, es frecuente que los TCA se desarrollen en pacientes con cuadros depresivos previos.

Se han detectado diversas alteraciones en los sistemas de neurotransmisores cerebrales que regulan la conducta alimentaria, la afectividad, la impulsividad y otros aspectos de nuestra psique. Las alteraciones que describimos a continuación actúan como *factores predisponentes neuroendocrinos* de las TCA:

- La disminución de la función serotoninérgica en la bulimia nerviosa: relacionada con la regulación del apetito, del humor y del control de los impulsos.

- El aumento de la actividad serotoninérgica en la anorexia nerviosa: relacionado con el perfeccionismo, la rigidez, los rasgos obsesivos y la restricción alimentaria.

- La reducción de la actividad noradrenérgica: relacionada con el bajo peso y la dieta restrictiva.

- La actividad dopaminérgica disminuida en la bulimia nerviosa: relacionada con "adicción a la comida".

No se puede asegurar hasta el momento si estas alteraciones son previas al inicio del TCA o consecuencia del patrón alimentario alterado. Se sigue investigando actualmente sobre los mecanismos cerebrales del control del apetito para poder entender mejor la vulnerabilidad biológica a los TCA.

Factores familiares

Entre los factores familiares hay que diferenciar entre los genéticos y los más ambientales o relacionados con el modelo familiar.

El *entorno familiar* que muchas veces rodea a las personas con anorexia suele seguir un modelo de sobreprotección, con altos niveles de aspiraciones, rigidez, evitación de conflictos y la implicación del niño en los problemas de los padres. Esta dificultad para marcar los límites individuales complica el desarrollo del sentido de autonomía y favorece la inseguridad y la baja autoestima.

Hay que insistir en que el grupo de pacientes afectos de bulimia nerviosa es muy heterogéneo, tanto a nivel de su expresión clínica como del origen y causas que han conducido hacia la bulimia.

En algunos grupos de pacientes con bulimia la estructura familiar es caótica, hay pocas pautas establecidas y escasa planificación. Suele haber dificultades de relación entre padres e hijos, poca comunicación, escasas muestras de afecto y dificultades para imponer normas y límites. Son familias con poca cohesión que suelen dejar los conflictos sin resolver.

No se puede afirmar que el entorno familiar sea un factor causal del TCA, y sigue existiendo la duda de si los patrones familiares disfuncionales que suelen observarse en los casos de larga evolución son causa o consecuencia del trastorno. Los TCA también se han asociado a alcoholismo y otras adicciones entre los familiares.

Es importante también tener en cuenta la marcada influencia de los *patrones estéticos defendidos por la familia*, en los que la delgadez se considera como un valor positivo. Son igual de importantes los comentarios y críticas referidas al aspecto físico de las niñas y adolescentes, como los que realizan los progenitores sobre sus propios cuerpos, ya que pueden llegar a transmitir su propia insatisfacción corporal y potencian un modelo estético que asemeja la delgadez a felicidad, éxito y seguridad personal.

Es fundamental que en el entorno familiar se desarrollen desde la infancia unos *hábitos alimentarios* ordenados y coherentes para todos los miembros de la familia, ya que los patrones de dieta restrictiva o desordenada en los adultos son incompatibles con la adquisición de unos hábitos alimentarios sanos en los niños y adolescentes y son un factor predisponente esencial para el desarrollo de un TCA.

Se ha confirmado que hay múltiples *factores genéticos* que contribuyen al desarrollo de los TCA al interactuar con factores familiares y ambientales. La heredabilidad de los TCA oscila entre el 50 y el 83%. Los familiares de los pacientes con un TCA tienen un riesgo cuatro veces superior a la población general de padecer el trastorno, siendo el riesgo mayor para anorexia nerviosa que para bulimia nerviosa. Se considera que esta vulnerabilidad o predisposición genética podría actuar favoreciendo el desarrollo de obesidad o de una estructura de personalidad determinada.

Los estudios de genética molecular se han centrado en los genes implicados en la función serotoninérgica y dopaminérgica (por ejemplo, el gen del receptor 1D de la serotonina) y los resultados son prometedores.

Factores socioculturales

Estos factores tienen un papel fundamental en el desarrollo de los TCA. Aunque inciden sobre toda la población, sólo un pequeño porcentaje de jóvenes desarrolla la enfermedad. Por ello, consideramos que los factores socioculturales son primordiales pero no suficientes para provocar el inicio de un TCA, ya que es necesaria la confluencia del resto de factores comentados.

Entre estos aspectos socioculturales hay que destacar los *valores estéticos* dominantes en la cultura occidental, que sobrevaloran la delgadez y rechazan el sobrepeso. Se asocia la delgadez con valores positivos como éxito, atractivo, salud, felicidad. Esto conlleva una excesiva preocupación por el peso y la silueta corporal, lo que favorece la aparición de insatisfacción corporal que, en ocasiones, llega a convertirse en una preocupación intensa y desmesurada.

Junto al respaldo de nuestra sociedad a la delgadez, también son remarcables otros factores como el cambio del papel de la mujer en la sociedad occidental, la presión publicitaria, etcétera.

Factores precipitantes o desencadenantes

La conducta que más frecuentemente lleva al inicio del TCA es la *dieta restrictiva*, que se inicia a partir de la vivencia de una imagen corporal insatisfactoria, asociada o no al sobrepeso.

El origen del sobrepeso, global o de alguna parte de nuestro cuerpo, puede ser constitucional, adquirido durante la pubertad o durante las gestaciones, o puede haber sido provocado por estados emocionales negativos que han provocado un aumento de la ingesta (por ejemplo, pérdidas sentimentales, problemas familiares, laborales, económicos, etcétera).

Es evidente que la mayoría de las personas que inician una dieta no desarrollan un TCA y que, por lo tanto, es necesaria la interacción entre todos los factores que vamos comentando.

El cerebro es un órgano altamente vulnerable en una situación de dieta alimentaria restrictiva y mala nutrición, ya que utiliza el 20% de la ingesta calórica total y es dependiente de la glucosa como fuente de energía. En este contexto, la dieta puede provocar un mal funcionamiento de nuestro cerebro y favorecer la aparición de conductas obsesivas relacionadas con la alimentación y el ejercicio físico, ideas sobrevaloradas sobre la dieta y la silueta corporal, irritabilidad y cambios de humor, como reacciones depresivas, que actúan como precipitantes del TCA.

En ocasiones, la anorexia y la bulimia están desencadenadas por cambios en la situación familiar o escolar, por enfermedades que provocan una pérdida de peso importante o por acontecimientos vitales estresantes. Entre éstos, se considera especialmente de riesgo el *abuso sexual*, que también es un factor desencadenante de otras patologías mentales, y que tiene una especial connotación en los TCA por sus repercusiones a nivel de una vivencia corporal negativa.

En los últimos años se ha observado un número creciente de casos de anorexia nerviosa, bulimia nerviosa o formas parciales de TCA, que se desarrollan tras la práctica de *cirugía bariátrica como tratamiento de la obesidad.*

Los casos típicos de anorexia y bulimia son menos frecuentes tras la cirugía bariátrica, pero sí se observan diversas variantes de TCA incompleto con relativa frecuencia: conductas alimentarias restrictivas, vómitos provocados por el paciente, rituales o hábitos peculiares en torno a la alimentación. En ocasiones, estas conductas alimentarias se desarrollan para mejorar las molestias físicas que padecen estos enfermos tras la cirugía como, por ejemplo, cambios en el ritmo intestinal o sensación de saciedad tras la comida. En otros casos el paciente realiza estas conductas alimentarias anómalas para acelerar la pérdida de peso tras la cirugía de la obesidad.

Estos TCA que aparecen tras la cirugía bariátrica son más frecuentes en pacientes con antecedentes de trastorno por atracón vinculado a la obesidad, y a otras patologías psiquiátricas asociadas, como trastornos depresivos y ansiosos. En este sentido es aconsejable que, antes de practicar este tipo de cirugía como tratamiento de la obesidad, se realice una valoración psicológica y psiquiátrica. El objetivo es descartar la presencia de TCA o de otras patologías psiquiátricas previas, que puedan favorecer la aparición de un TCA tras la cirugía. En caso de diagnosticarse, requerirían un tratamiento especializado previo a la cirugía e incluso el replanteamiento de la propia indicación quirúrgica.

Factores perpetuadores o mantenedores

Las circunstancias que van a mantener el trastorno serán los factores predisponentes individuales y familiares no resueltos, la persistencia de patrones socioculturales negativos y las alteraciones psicológicas provocadas por la desnutrición.

El mantenimiento de conductas alimentarias restrictivas, los atracones y los vómitos provocan alteraciones neurológicas y endocrinológicas u hormonales, que mantienen un funcionamiento cerebral alterado en cuanto al control de la saciedad y el hambre, las reacciones emocionales y el rendimiento intelectual. Esto va a impedir que el enfermo ponga en duda las ideas que tiene en torno a la alimentación y la percepción de su cuerpo, y le llevará a mantener las conductas alimentarias patológicas (véase figura 4.3).

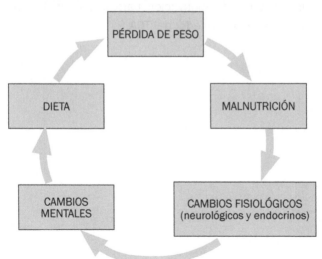

Figura 4.3. Modelo de mantenimiento del TCA

El *aislamiento social* que suele asociarse al TCA también favorecerá el mantenimiento del trastorno, dada la dificultad que tendrá el paciente para recibir mensajes críticos respecto a su enfermedad y la necesidad de buscar ayuda médica. La relación también se ve distorsionada en el entorno familiar y se potencian los aspectos negativos previos.

El entorno familiar se vuelve disfuncional y toda su actividad gira en torno al paciente, con frecuentes discusiones y confrontaciones con el paciente para que modifique su conducta alimentaria. El paciente suele estar irritable, aislado y muy inestable a nivel emocional. Los padres y familiares más cercanos suelen sentirse culpables e incapaces de resolver el problema y pueden llegar a descuidar el cuidado del resto de los miembros de la familia. En ocasiones, la enfermedad adopta un papel paradójico de cohesión familiar, de motivación para seguir unidos, que actuará como mantenedor del TCA.

Factores predisponentes	Factores precipitantes	Factores de mantenimiento
• Género femenino • Edad 13-20 años • Insatisfacción corporal • Trastorno afectivo • Introversión, inestabilidad, perfeccionismo, impulsividad • Obesidad, sobrepeso infantil • Factores genéticos • Familiares con TCA y adicciones • Obesidad materna • Valores estéticos dominantes • Hábitos alimentarios familiares desestructurados	• Cambios corporales en adolescentes • Separaciones y pérdidas • Ruptura conyugal de los padres • Experiencias sexuales negativas • Aumento y pérdida de peso rápido • Críticas sobre el cuerpo • Traumatismo desfigurador • Aumento actividad física • Acontecimientos vitales • Valores estéticos dominantes • Dieta restrictiva • Cirugía bariátrica	• Consecuencias de la desnutrición • Interacción familiar • Aislamiento social • Creencias anoréxicas • Actividad física excesiva • Yatrogenia

Tabla 4.1. Factores predisponentes, precipitantes y de mantenimiento en los TCA

Podemos concluir que los TCA no son sólo un problema de alimentación y peso, sino que son enfermedades en las que se establece una compleja red de conexiones de ideas que relacionan el control de la alimentación y el peso con aspectos personales más profundos, como la autoestima y el control emocional. Para entender la interacción de los factores comentados trataremos de describir a continuación cómo se va desarrollando el TCA y la vivencia de la persona afectada.

Inicialmente, la persona que inicia una dieta suele creer que la pérdida de peso es algo sencillo y que únicamente requiere esfuerzo. Al no conseguir el objetivo planteado, el paciente no sólo se siente desafortunado, sino también culpable y fracasado, lo cual desvaloriza más su imagen como persona.

Habitualmente, las personas que inician una dieta se sienten insatisfechas en cuanto a su imagen corporal, pero también en relación con otros aspectos personales y del funcionamiento de su vida. Así, el inicio de la restricción se suele vivir como un sentimiento positivo, con la sensación de que se aumenta el control sobre la propia vida.

Al ir progresando en la dieta, el organismo activa los mecanismos corporales reguladores del peso, que luchan contra los efectos de la dieta. El cuerpo tiende a mantenerse en un peso equilibrado, regulado por mecanismos fisiológicos independientes de nuestra voluntad. Este peso al que tiende nuestro cuerpo con una alimentación adecuada no siempre es satisfactorio para el individuo y se asocia con el sentimiento de insatisfacción que hemos comentado como factor predisponente fundamental en el desarrollo del TCA.

Estos mecanismos corporales reguladores del peso activarán la sensación de hambre, provocarán irritabilidad, preocupación por la comida e impulsos negativos hacia ella. Lo habitual es que estos síntomas induzcan al abandono de la dieta restrictiva. Sin embargo, los pacientes vulnerables al desarrollo de un TCA continuarán con la restricción alimentaria.

En el caso de la **anorexia nerviosa** entraremos en un **círculo vicioso centrado en la restricción**. Los pacientes intentarán bajar de peso por debajo del objetivo marcado al inicio de la dieta ante el miedo de que si dejan la restricción, fracasarán y perderán el control del peso y de su vida. Los mecanismos corporales reguladores del peso se perciben como una amenaza para su capacidad de control, lo cual hará que intensifiquen más la restricción alimentaria y la bajada de peso como falso mecanismo de control sobre su vida (véase figura 4.3).

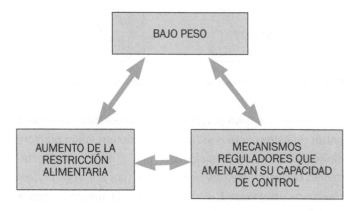

Figura 4.4. *Círculo vicioso de mantenimiento de la anorexia nerviosa*

En el caso de la **bulimia nerviosa** se establece un **círculo vicioso en torno al atracón**. La ingesta compulsiva o atracón seguida de la conducta purgativa (vómito o laxantes) actúan potenciando la baja autoestima, la preocupación excesiva sobre el peso y favoreciendo nuevamente la restricción como mecanismo de control. Al aparecer la sensación de hambre, el paciente no puede controlarse, aflora la ansiedad y fracasa en su objetivo de mantener la restricción alimentaria, repitiendo el atracón. Así se mantiene el círculo vicioso de la bulimia nerviosa (véase figura 4.5).

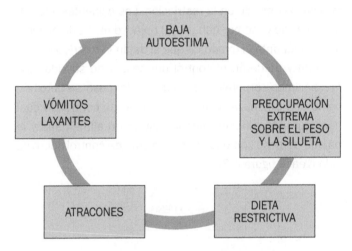

Figura 4.5. Círculo vicioso de mantenimiento de la bulimia nerviosa

El hecho de que haya personas más vulnerables que otras a entrar en estos círculos viciosos viene determinado por condiciones biológicas y fisiológicas, por el estilo de afrontamiento de los problemas emocionales (por ejemplo, perfeccionismo, obsesividad, etcétera) y por la mayor o menor capacidad de adaptación a circunstancias adversas.

Puntos clave

- Los TCA están relacionados con múltiples factores de naturaleza biológica (genéticos, neuroquímicos), psicológica y ambiental que se influyen entre sí y provocan la aparición del trastorno alimentario.
- Los factores predisponentes más destacables son el género femenino, la obesidad, la insatisfacción corporal, determinados estilos de personalidad, factores familiares, ambientales y genéticos, hábitos alimentarios desestructurados, estilos educacionales y patrones estéticos que defienden la delgadez potenciados por el entorno sociocultural actual.
- El principal desencadenante de los TCA es la dieta restrictiva. También pueden desatarlos situaciones traumáticas como abusos sexuales. En los últimos años, se ha detectado la aparición de TCA tras el tratamiento quirúrgico de la obesidad.
- Entre los factores perpetuadores o de mantenimiento de los TCA, hay que destacar los factores predisponentes individuales y familiares no resueltos, la persistencia de patrones socioculturales negativos y las alteraciones psicológicas provocadas por la desnutrición.

¿Por qué se desarrollan y cómo

5. ¿Cuál es la evolución de los TCA?

Los investigadores que desarrollan estudios sobre la evolución de los TCA (Trastornos de la Conducta Alimentaria) se encuentran con diferentes problemas de metodología. Por ejemplo, se realizan estudios sobre poblaciones de pacientes con niveles de gravedad muy diferentes (tratadas a nivel ambulatorio, hospitalario, etcétera) y no siempre se utilizan los mismos criterios para valorar la evolución clínica. Esto provoca que la información que se puede obtener de los estudios a largo plazo sobre la evolución de los TCA sea diversa y, en ocasiones, contradictoria.

Sin embargo, podemos afirmar que los **TCA son enfermedades con una clara tendencia a convertirse en crónicas, sobre todo si no se tratan de la forma adecuada.** Suelen tener una evolución cíclica, alternando fases con sintomatología muy activa con otras fases en las que se consigue disminuir las conductas de purga, los atracones y la hiperactividad física o mejorar los hábitos alimentarios. Estas fluctuaciones clínicas pueden estar influenciadas por factores ambientales, familiares, etcétera.

Hay que resaltar que los enfermos que padecen un TCA crónico tienen una vida limitada al control de su peso y su alimentación, y sufren un aislamiento creciente y un evidente empobrecimiento de sus vidas. También hay que destacar que la mayoría de casos de poca gravedad suelen tener una evolución favorable.

Evolución de la anorexia nerviosa

En los pacientes afectos de anorexia nerviosa se ha observado una serie de factores que se asocian a un mejor pronóstico o a una evolución más favorable, como el inicio precoz de la enfermedad y de su tratamiento, y otros que lo empeoran, como la asociación con otros trastornos psiquiátricos y la evolución hacia la bulimia nerviosa (véase tabla 5.1).

Factor de buen pronóstico de la anorexia nerviosa
• Edad de inicio precoz
• Buena relación familiar
• Inicio rápido del tratamiento
Factores de mal pronóstico de la anorexia nerviosa
• Alteraciones psiquiátricas graves previas al inicio de la anorexia
• Cuadros psicóticos asociados
• Desarrollo de bulimia
• Cronicidad del cuadro

Tabla 5.1. Factores de buen/mal pronóstico de la anorexia nerviosa

Aproximadamente, el 50% de los casos de anorexia nerviosa evolucionan hacia la remisión completa, el 20-30% hacia la remisión parcial y el 20% hacia la cronicidad. En los casos de remisión parcial persiste una preocupación excesiva por la comida y la imagen corporal, y cierta tendencia al control de la alimentación, pero sin la gravedad inicial. La anorexia crónica puede mantenerse en forma de anorexia restrictiva o de anorexia purgativa con más alteraciones psiquiátricas que en las fases iniciales (síntomas depresivos graves, síntomas obsesivo-compulsivos, conductas adictivas, etcétera). La anorexia nerviosa crónica también puede evolucionar hacia una bulimia nerviosa que se mantiene habitualmente en un peso normal.

Los casos de anorexia nerviosa que se inician en la adolescencia suelen tener mejor pronóstico y bajas tasas de mortalidad. Aunque la gran mayoría de estos pacientes no cumple los criterios diagnósticos de un TCA en la edad adulta, suelen mantener una preocupación excesiva por el peso y la figura corporal, así como conductas alimentarias más o menos alteradas (por ejemplo, tendencia a la restricción, persistencia de alimentos prohibidos, etcétera).

La mortalidad entre los pacientes afectos de anorexia nerviosa es elevada (cerca del 5%) y es debida a las complicaciones físicas asociadas a dicho TCA y a la elevada tasa de suicidios. La tasa de mortalidad aumenta hasta el 16-18% en los casos graves. Estas tasas de mortalidad tan elevadas se han asociado a pesos muy bajos al inicio de la enfermedad y a numerosos ingresos hospitalarios.

Los intentos de suicidio son relativamente frecuentes en pacientes con anorexia y bulimia. El suicidio consumado tiene una frecuencia más alta en la anorexia nerviosa. Las conductas suicidas se observan con más frecuencia en pacientes que padecen un TCA junto a:

- Conductas purgativas.
- Síndrome depresivo asociado.
- Abuso de sustancias psicoactivas.
- Antecedentes de abuso sexual o de malos tratos en la infancia.
- Determinados rasgos o trastornos de personalidad.

Evolución de la bulimia nerviosa

En los estudios más recientes sobre la evolución de la bulimia nerviosa se observa que aproximadamente el 50% de los pacientes se recuperan totalmente, el 25% mejoran considerablemente y el 25% tienden a la cronicidad.

Es característico de la bulimia nerviosa de larga evolución que la impulsividad impregne las diversas áreas de la vida del paciente hasta llegar a tener una sensación de caos en su vida. Como en el caso de la anorexia nerviosa, también se ha observado la relación con determinados factores que influyen en el pronóstico de la bulimia (véase tabla 5.2).

• Trastorno límite de personalidad: impulsividad, desadaptación sociofamiliar, conductas autolesivas, relaciones interpersonales conflictivas.
• Antecedentes familiares de alcoholismo y depresión.
• Larga duración de la enfermedad.
• Gravedad clínica al inicio de la bulimia.

Tabla 5.2. Factores de mal pronóstico de la bulimia nerviosa

Las tasas de mortalidad asociadas a la bulimia nerviosa son menores que en el caso de la anorexia nerviosa (aproximadamente, un 0,32%). Sin embargo, hay que tener en cuenta que muchos de los pacientes graves que padecen bulimia abandonan el control clínico, y que el subgrupo de pacientes con personalidad multiimpulsiva tiene tasas de mortalidad elevadas por suicidio y por complicaciones físicas secundarias.

Evolución del trastorno por atracón

Es difícil obtener datos concluyentes sobre la evolución clínica de los pacientes con trastorno por atracón, debido a que es una patología poco diagnosticada. En los estudios evolutivos, estos pacientes se incluyen en los grupos de bulimia nerviosa o de obesidad sin TCA diagnosticado. Parece ser un trastorno con una evolución variable en cuanto al mantenimiento de atracones y conductas alimentarias desordenadas, cuya principal característica evolutiva es el aumento de peso progresivo.

En los pacientes claramente diagnosticados de trastorno por atracón, se asocian otras patologías psiquiátricas que empeoran el pronóstico (por ejemplo, trastornos de ansiedad, cuadros depresivos, etcétera).

Los estudios que se han realizado en pacientes que han recibido tratamiento especializado han mostrado que, a pesar de la desaparición de los atracones, suele haber una tendencia al aumento de peso. Esta tendencia a la obesidad puede estar relacionada con un determinado estilo de vida (sedentarismo, poca actividad física), con otras patologías psiquiátricas asociadas (depresión, trastornos de ansiedad) o con factores endocrinológicos.

Puntos clave

- Si no se realiza un tratamiento adecuado, los TCA son enfermedades con tendencia a convertirse en crónicas, con una evolución cíclica.
- La mayoría de casos de poca gravedad suelen tener una evolución favorable.
- Un 20% de los casos de anorexia nerviosa evolucionan hacia la cronicidad, pero los casos de inicio en la adolescencia suelen tener mejor pronóstico, con bajas tasas de mortalidad.
- Aproximadamente el 50% de los pacientes con bulimia nerviosa se recuperan totalmente, el 25% mejoran considerablemente y el 25% suelen convertirse en pacientes crónicos.
- La mortalidad es elevada en los pacientes afectos de anorexia nerviosa —cerca del 5% — a causa de las complicaciones físicas asociadas al TCA y a la elevada tasa de suicidios. La mortalidad es menor en los pacientes afectos de bulimia.

6. ¿Cuál es el tratamiento de los TCA?

Los TCA tienen un tratamiento eficaz que, necesariamente, debe englobar las distintas disciplinas o enfoques terapéuticos disponibles si quiere conseguirse un resultado eficaz a todos los niveles.

Este **enfoque multidisciplinar** abarca:

- La psicoterapia, encaminada a resolver los síntomas del TCA y de otras patologías psiquiátricas asociadas, como trastornos de personalidad, etcétera.

- *El consejo nutricional*, para conseguir normalizar peso y estructurar unos hábitos alimentarios saludables.

- *El tratamiento psiquiátrico y psicofarmacológico*, de los síntomas del TCA y de las enfermedades psiquiátricas asociadas.

- *El tratamiento médico* de las complicaciones físicas de los TCA.

Este proceso, que reúne diferentes recursos terapéuticos, requiere también la **participación activa por parte del paciente**. Muchas veces las personas que padecen un TCA tienen sentimientos contradictorios respecto al tratamiento. Son infelices en su estado enfermizo, pero tienen miedo a modificarlo y a perder el control de su vida. Para romper este círculo vicioso que perpetúa el TCA es importante promover la comprensión, la confianza y la seguridad por parte del paciente, para que pueda implicarse y colaborar adecuadamente en el proceso de tratamiento.

En ocasiones extremas, en las que la vida del paciente está en riesgo a causa de una severa desnutrición y complicaciones físicas graves, el médico puede actuar y tratar estos aspectos médicos aunque el paciente no colabore en el proceso o se niegue a ser tratado. En estos casos, el médico y la familia deben colaborar y solicitar, si procede, la autorización judicial que permita el ingreso hospitalario involuntario del paciente y el inicio del tratamiento médico del estado de desnutrición severa.

Una vez resuelta esta situación de riesgo vital, se tendrá que abordar con el paciente la toma de conciencia sobre la gravedad de su enfermedad y la necesidad de que colabore activamente en el proceso para conseguir resultados positivos.

En la **evaluación clínica de cada caso** se incluirá:

- La evaluación de las conductas propias del TCA: son de utilidad los registros alimentarios que la paciente va cumplimentando a diario, para poder conocer fielmente cuáles son sus conductas alimentarias, las conductas purgativas si las hubiere y las emociones asociadas a las mismas (véase figura 6.1).

- La exploración de los *síntomas psíquicos asociados*: clínica depresiva, ansiedad, trastornos del sueño, etcétera.

- La *valoración psicológica* tanto del TCA como de aspectos de personalidad y otras patologías psiquiátricas asociadas, como trastornos de personalidad. Se utilizan diversos cuestionarios estandarizados que complementan la información recogida en la entrevista clínica.

- Las *exploraciones médicas oportunas* para estudiar:

  - El estado nutricional del paciente (analítica con estudio de vitaminas, alteraciones hidroelectrolíticas, etcétera).

  - Las repercusiones físicas del TCA (función hormonal, densitometría ósea, etcétera).

En relación con la valoración conjunta a nivel médico, psiquiátrico, psicológico y nutricional, se decidirá cuál es el marco más adecuado (tratamiento ambulatorio, hospital, hospital de día) para llevar a cabo el tratamiento.

Hora	Duración	Comida y líquido consumidos	Lugar, posición	Compañía	Sentimientos	Atracón o sobre-ingesta	Vómito/ diurético/ laxante

NOMBRE Y FECHA:

Figura 6.1. Hoja de registro de la conducta alimentaria

Objetivos y aspectos generales del tratamiento de los TCA

Para la resolución de un TCA es necesario abordar *tres objetivos de tratamiento fundamentales*:

Recuperar un peso normal y una estructura alimentaria saludable

El paciente debe abandonar los hábitos alimentarios restrictivos, seguir unos hábitos alimentarios bien estructurados y saludables y confiar en los mecanismos corporales reguladores del peso para estabilizarse en el peso que le corresponde por su equilibrio natural.

Es muy difícil que el paciente confíe y se permita dar este paso, ya que su vivencia inicial es la de pérdida de control. Por ello, es fundamental, no sólo animarle a comer adecuadamente, sino también transmitirle seguridad y contradecir su vivencia de descontrol alimentario cuando se permita aumentar la ingesta.

Desvincular las ideas sobre el peso de otros factores personales más profundos

Como hemos comentado previamente, es primordial modificar las ideas que han actuado como predisponentes y mantenedoras del TCA. Habrá que abordar las creencias básicas o nucleares sobre estas enfermedades como, por ejemplo, asimilar la delgadez con el éxito y la felicidad, o el miedo a ir aumentando indefinidamente de peso si no controla su alimentación de forma estricta.

Uno de los objetivos del tratamiento será que el paciente vaya descubriendo los problemas y limitaciones de estas ideas, para que pueda adoptar una actitud de crítica hacia ellas.

Conocer y abordar dificultades personales o rasgos de personalidad conflictivos

Un aspecto muy importante del tratamiento es identificar, resolver o modificar estilos de pensamiento, creencias y estilos de afrontamiento y resolución de problemas. El abordaje de estos aspectos de personalidad será fundamental para que el paciente comprenda cómo ha iniciado y mantenido su TCA y disminuirá claramente el riesgo de recaídas.

Antes de entrar a explicar de forma más detallada los tratamientos específicos de cada TCA, podemos concretar unos aspectos *generales que son comunes al tratamiento de los diferentes TCA*:

* Si el tratamiento se inicia de forma precoz, el pronóstico será mejor.
* El tratamiento va encaminado a conseguir unos criterios de curación:
  - Mantenimiento de un peso normal.
  - Desaparición de los síntomas clínicos relacionados con la conducta alimentaria (restricción, vómitos, atracones).
  - Modificación de las creencias sobre la alimentación y la percepción de la imagen corporal.
  - Recuperación y regularización de los ciclos menstruales.
* Las complicaciones médicas y los trastornos psiquiátricos asociados al TCA deben atenderse y tratarse paralelamente.
* La recuperación del peso no es sinónimo de curación.
* La elección del tipo de tratamiento debe ser flexible de acuerdo con la situación clínica individual.
* Frecuentemente, el tratamiento del paciente deberá complementarse con el tratamiento de los familiares.
* Sólo se considerará resuelto el trastorno tras un seguimiento a largo plazo, que incluya la prevención de recaídas.

Tratamiento de la anorexia nerviosa

En ocasiones, la anorexia es detectada por el pediatra, el médico de familia o el ginecólogo, al que el paciente o sus familiares acuden alertados por la pérdida de peso, las alteraciones de la menstruación, etcétera. Es recomendable que estos pacientes sean derivados a un equipo de psiquiatras y psicólogos especializados que puedan realizar el tratamiento adecuado en cada fase y el control de la evolución a largo plazo.

Como hemos comentado anteriormente, se debe hacer en cada caso una valoración individualizada del paciente y decidir cuál es el marco más adecuado para llevar a cabo el tratamiento.

Marco del tratamiento

TRATAMIENTO AMBULATORIO

Es adecuado para tratar la anorexia cuando se detecta precozmente, y siempre que el paciente tenga un peso asociado a un IMC por encima de 16. Requiere de un equipo especializado que pueda hacer visitas frecuentes en consultas externas. Se establecen unas pautas dietéticas correctas, se controla el peso y se procede al tratamiento psicológico o psicofarmacológico que el paciente requiera.

HOSPITALIZACIÓN COMPLETA

El ingreso en el hospital durante las 24 horas del día está indicado en los casos con:

79

- Pérdida de peso severa (IMC inferior a 16).
- Negación de la enfermedad.
- Resistencia al tratamiento.
- Complicaciones médicas graves (frecuencia cardíaca menor de 40 latidos/minuto, hipotensión arterial).
- Trastornos psiquiátricos que no puedan controlarse de forma ambulatoria (riesgo de suicidio, cuadros psicóticos, etcétera).

El tratamiento en régimen de hospitalización completa permite la recuperación física del paciente, pero no es el entorno más adecuado para abordar los aspectos psicológicos de la anorexia y, si no se profundiza en ellos, la recaída es frecuente.

Es habitual que, tras la recuperación física, el paciente continúe el tratamiento especializado en consultas externas o en un hospital de día. Este proceso suele ser más prolongado en los pacientes con anorexia nerviosa que en los pacientes que padecen bulimia, ya que el proceso de renutrición es lento.

HOSPITAL DE DÍA

En los últimos años, se está potenciando el tratamiento de los TCA en hospitales de día especializados. El paciente permanece ingresado durante el día y por la tarde regresa a su casa, pudiendo permanecer así integrado en su entorno familiar y social.

El hospital de día es el marco idóneo para el tratamiento de los TCA porque permite el trabajo coordinado de los distintos profesionales implicados: médico, psiquiatra, psicólogo y nutricionista.

Este medio asistencial permite aplicar de forma integral el enfoque multidisciplinar aconsejable, con comedor terapéutico, psicoterapia individual y de grupo, visitas psiquiátricas, control del peso, revisiones médicas, laborterapia, etcétera. El paciente se siente muy apoyado en cuanto al control de la conducta alimentaria, la hiperactividad física, etcétera. A medida que el proceso de tratamiento avanza, se va reduciendo la asistencia al hospital de día y se facilita una progresiva reinserción social, académica y laboral.

Para que el paciente pueda integrarse en las diferentes actividades que conforman el programa de tratamiento multidisciplinar del hospital de día, es necesario que se encuentre en un peso que le permita mantener la actividad física necesaria para desplazarse al centro, y poder implicarse adecuadamente en el tratamiento psicoterápico. Suele aconsejarse que el *IMC sea superior a 16*, ya que con un ratio inferior el funcionamiento cerebral no es adecuado. Cuando el peso es excesivamente bajo, el paciente no puede desarrollar la capacidad de concentración, introspección y reflexión necesarias para involucrarse correctamente en la psicoterapia.

La *colaboración de la familia* en el tratamiento es muy importante, tanto en la recuperación de peso como en el abordaje de las emociones y es fundamental en todos los entornos y fases del tratamiento. Es primordial su papel en la detección del problema y en la comprensión del mismo como una enfermedad y no como un capricho del paciente que puede resolver con su propia voluntad.

Cuando ya se ha iniciado el tratamiento especializado, es básico que los familiares confíen en los profesionales, sigan sus indicaciones y compartan con ellos sus dudas y toda la información que pueda ayudar a entender al paciente.

El hospital de día permite un contacto directo y frecuente con las familias, que ofrece la orientación y el apoyo necesarios, y ayuda a formar un equipo coordinado entre profesionales y familiares.

Opciones de tratamiento

La terapia psicológica y el tratamiento psicofarmacológico son las mejores opciones de tratamiento para la anorexia nerviosa. Suelen aplicarse conjuntamente para obtener mejores resultados.

TRATAMIENTO PSICOLÓGICO

Puede realizarse de forma individual o en grupo. Actualmente se considera que la *psicoterapia de orientación cognitivo-conductual* es el mejor método para el tratamiento psicológico de la anorexia nerviosa. Este tipo de terapia se basa en la identificación de las conductas patológicas y de las emociones e ideas que las sustentan, para ir modificándolas y sustituyéndolas por ideas que fomenten conductas alimentarias saludables.

Existen otras modalidades de psicoterapia que también se utilizan en el abordaje de la anorexia, muchas veces en combinación con la psicoterapia cognitivo-conductual: terapia sistémica, terapia interpersonal, terapia familiar, etcétera. Se desaconseja la psicoterapia de orientación psicoanalítica para los casos graves, ya que no se han constatado buenos resultados. En los últimos años, se han diseñado técnicas de realidad virtual que permiten una aproximación a los trastornos de la imagen corporal.

Inicialmente se realizará una *monitorización del peso y de la conducta alimentaria*. Se establecen unas pautas alimentarias muy ordenadas y controladas por el equipo psicológico y médico y por la familia del paciente. Se aconseja que el paciente siga estas indicaciones y no modifique el tipo de alimentos que conforman la dieta, las cantidades o tipo de cocción de los mismos.

Debe comer acompañado en todas las comidas, y se necesita también un acompañamiento profesional o familiar para asegurar el reposo y que el paciente no realice conductas de purga. Este acompañamiento es constante al inicio del tratamiento. En fases más avanzadas el paciente va asumiendo mayor responsabilidad y precisa menos control externo.

Hay que entender estas indicaciones como una fuente de seguridad para el paciente que padece anorexia, el cual necesita ayuda y control externo para poder estructurar unos hábitos alimentarios y volver a comer sintiéndose seguro. Sin ayuda externa, no sería capaz al inicio del tratamiento de seguir nuestras indicaciones de dieta y reposo para conseguir un peso saludable. Nuestras normas le provocarían más inseguridad y las viviría como una traición a las creencias que sustentan su enfermedad y que el vive como una fuente de seguridad personal.

Es un objetivo fundamental que el paciente deje de controlar la dieta, su conducta, etcétera, pero hay que entender que para conseguir cambios psicológicos hay que lograr previamente una recuperación del peso y del estado físico saludable que permitan el desarrollo de una terapia psicológica adecuada.

TRATAMIENTO PSICOFARMACOLÓGICO

No hay ningún tratamiento farmacológico que haya demostrado su eficacia en el tratamiento de los síntomas nucleares o básicos de la anorexia (creencias sobre el peso, distorsión de la imagen corporal, etcétera). Los psicofármacos se utilizan para tratar los síntomas psiquiátricos que suelen acompañar a la anorexia, como los síntomas depresivos, obsesivos y ansiosos. No es aconsejable utilizar estos medicamentos en situaciones de muy bajo peso, ya que hasta que no se produce una cierta mejoría del mismo, no observaremos cambios clínicos globales.

Se aconseja recurrir a una familia de *fármacos antidepresivos* denominados inhibidores selectivos de la recaptación de la serotonina (ISRS: fluoxetina, paroxetina, citalopram, escitalopram, sertralina, fluvoxamina), ya que éstos reducen el riesgo de recaída tras la normalización del peso. Los ISRS consiguen mejorar los síntomas obsesivos relacionados con el peso y la alimentación, el perfeccionismo y la irritabilidad. Existen otros fármacos antidepresivos como la mirtazapina, la venlafaxina, la duloxetina, etcétera, que también son útiles para tratar los síntomas ansiosos, depresivos y obsesivos que en ocasiones acompañan a la anorexia nerviosa.

Suelen utilizarse las benzodiacepinas (lorazepam, alprazolam, etcétera) en el tratamiento de los síntomas de ansiedad y de los trastornos del sueño, muy habituales en este grupo de pacientes.

También pueden asociarse al tratamiento *fármacos antipsicóticos a bajas dosis* (por ejemplo, olanzapina y quetiapina). Este tipo de fármacos actúan disminuyendo la ansiedad, la hiperactividad física y frenando los pensamientos repetitivos que pueden presentar los pacientes anoréxicos que tienen un peso muy bajo. Favorecen el inicio de la recuperación de peso y la vinculación al tratamiento. Están indicados en los casos que presentan las siguientes dificultades clínicas:

- Elevados niveles de ansiedad que no mejoran con otros fármacos ansiolíticos (por ejemplo, benzodiacepinas, antidepresivos con acción ansiolítica).
- Pensamientos repetitivos de tipo obsesivo respecto a la alimentación.
- Dificultades para disminuir la actividad física excesiva.
- Poca implicación en el tratamiento.

Tratamiento de la bulimia nerviosa

En pacientes que padecen bulimia de inicio reciente, la evolución puede ser favorable tras unas sesiones básicas de información sobre el TCA en las que se haga hincapié en unas pautas alimentarias saludables. Los textos de autoayuda son de utilidad en este tipo de pacientes, ya que en combinación con el consejo profesional favorecen la comprensión de la patología y el cambio hacia unos hábitos alimentarios saludables, sin atracones ni conductas purgativas. Es recomendable la lectura del libro de Christopher Fairburn: *La superación de los atracones de comida* (Editorial Paidós).

Como en el caso de la anorexia nerviosa, siempre es aconsejable que las personas afectas de bulimia nerviosa reciban un tratamiento especializado psicológico y psiquiátrico, estructurado de forma individualizada según las características de cada paciente. Los tratamientos combinados que incluyen psicoterapia y tratamiento psicofarmacológico son los más utilizados en la práctica clínica porque se asocian a mejores resultados.

Marco del tratamiento

Como se ha comentado en el caso de la anorexia nerviosa, el marco de tratamiento (ambulatorio, ingreso hospitalario u hospital de día), se decidirá según las circunstancias ambientales y las condiciones clínicas de cada paciente. Se aconsejará el *ingreso hospitalario completo* en los casos de bulimia nerviosa donde haya:

- Incapacidad para frenar en el ambulatorio los atracones los vómitos y los laxantes por dificultades de vigilancia externa.
- Riesgo físico importante asociado a las conductas purgativas (por ejemplo, hipopotasemia severa, arritmias cardíacas, etcétera).
- Conflictividad familiar grave.
- Riesgo de autolesiones o suicidio.

Opciones de tratamiento

TRATAMIENTO PSICOLÓGICO

La forma de psicoterapia recomendada por su mayor eficacia es la *terapia cognitivo-conductual* (TCC) aplicada de forma individual o grupal según los recursos asistenciales de que se dispongan y las características de cada paciente.

La TCC se centra en la identificación de las conductas problemáticas (por ejemplo, atracones, vómitos, ayunos, etcétera) y las ideas que las sustentan. Para ello, se utiliza la práctica de registros escritos en los que el paciente anota sus conductas alimentarias, sus pensamientos y sus emociones. A partir del análisis de estos registros, se plantea la potenciación de las conductas saludables (por ejemplo, comer regularmente), para posteriormente abordar las creencias y los pensamientos que sustentan el TCA. En fases más avanzadas del tratamiento, se abordará la autoestima y el afrontamiento de problemas con nuevas estrategias.

Figura 6.1. *La psicoterapia grupal es un método ampliamente utilizado en el tratamiento de los TCA*

Los pacientes afectados de bulimia con personalidad impulsiva acostumbran a tener problemas de adaptación a la terapia grupal y suelen responder mejor a tratamientos individuales. También han mostrado su eficacia la *terapia interpersonal* y la *terapia familiar,* principalmente en adolescentes. En fases de recuperación se pueden organizar grupos de autoayuda, que son útiles para la prevención de recaídas.

Consejo nutricional

Es primordial conseguir una normalización de la alimentación y alejarse de planteamientos de dieta hipocalórica, tanto a nivel de cantidades como de tipo de alimentos y su combinación, para estructurar una dieta saludable.

Es importante desmitificar los alimentos prohibidos e introducirlos en la dieta normal en cantidades adecuadas, para que el paciente vea que es capaz de comerlos sin perder el control. Si no alcanzamos este primer objetivo, el paciente no podrá controlar los atracones y los mecanismos de compensación (purga, ayuno, etcétera).

Dada la profundidad de las creencias que este tipo de pacientes tienen sobre la alimentación y el peso, muchas veces necesitarán seguir un programa individualizado de reeducación dietética para poder estructurar y mantener una alimentación equilibrada y saludable.

Tratamiento psicofarmacológico

Los *fármacos antidepresivos* son muy eficaces en el tratamiento de la bulimia nerviosa, ya que consiguen una reducción significativa de atracones y vómitos. La eficacia "antibulímica" es independiente de su efecto antidepresivo y se aconseja mantener el tratamiento antidepresivo a dosis altas, al menos durante un año.

Los antidepresivos recomendados son los ISRS (fluoxetina), sobre la base de la posible alteración en la bulimia de los mecanismos serotoninérgicos que regulan la conducta alimentaria, así como por su buena tolerancia sin que provoquen aumento de peso.

Los fármacos antidepresivos (ISRS, mirtazapina, venlafaxina, duloxetina, etcétera) son doblemente útiles en las pacientes bulímicas con síntomas de depresión, ansiedad, obsesiones e impulsividad porque también ayudan al control de los mismos.

En los últimos años se dispone de una nueva opción de tratamiento farmacológico: el topiramato. Es un fármaco anticonvulsivante con acción anorexígena (disminuye el apetito) que potencia la sensación de saciedad. Disminuye claramente el número de atracones y conductas de purga, y mejora también el control de la impulsividad y de la regulación emocional.

En el grupo de pacientes que padecen bulimia con conductas multiimpulsivas asociadas, y con trastornos de personalidad que se asocian a conductas agresivas y descontrol de los impulsos también están indicados los *fármacos antipsicóticos* en combinación con los fármacos antidepresivos, para mejorar el control de la conducta.

Con el seguimiento de este planteamiento multidisciplinar adaptado de forma individualizada a cada caso, la mayoría de pacientes de inicio reciente que no tienen trastornos de personalidad asociados mejoran en unos meses. La existencia de problemas de personalidad y rasgos multiimpulsivos obligan a realizar tratamientos más complejos y prolongados tanto a nivel de psicoterapia como de psicofármacos.

Tratamiento del trastorno por atracón

Los *tratamientos psicológicos* cognitivo-conductual, interpersonal y terapia conductual de adelgazamiento son eficaces en los pacientes con trastorno por atracón durante el primer año de tratamiento. Posteriormente, suele observarse un progresivo aumento de peso, no siempre acompañado de reaparición de los atracones, que tiene relación con los diversos factores que hemos comentado en el apartado de evolución del trastorno por atracón.

También son eficaces los *tratamientos psicofarmacológicos* aconsejados para la bulimia nerviosa: ISRS y topiramato, con los que se consigue una reducción de los atracones y una pérdida progresiva de peso.

El hecho de que a pesar de reducir los atracones el peso vuelva a aumentar sugiere que este tipo de pacientes necesitan un tratamiento inicial del TCA acompañado de un posterior seguimiento y un abordaje multidisciplinar de la obesidad para conseguir resultados positivos a largo plazo.

¿Cuál es el

Puntos clave

- El tratamiento de los TCA debe tener un enfoque multidisciplinar: psicoterapia, tratamiento médico, psiquiátrico y consejo nutricional.
- Para que el tratamiento sea eficaz, se requiere la aceptación y la participación activa del paciente y la colaboración de su familia.
- Los objetivos fundamentales del tratamiento de los TCA son: recuperar un peso normal y una estructura alimentaria saludable, desvincular las ideas sobre el peso de otros factores personales más profundos, y abordar dificultades personales o rasgos de personalidad conflictivos.
- El tratamiento de los TCA puede realizarse a nivel ambulatorio, en hospitales de día o en hospitalización completa, según el nivel de gravedad y las complicaciones asociadas.
- Actualmente, se considera que la psicoterapia de orientación cognitivo-conductual es el mejor método para el tratamiento psicológico de la anorexia nerviosa y la bulimia nerviosa.
- Los fármacos más utilizados para el tratamiento de los TCA son los antidepresivos serotoninérgicos que, en ocasiones, se asocian a ansiolíticos, antipsicóticos y antiepilépticos.

7. ¿Cómo podemos prevenir la aparición de los TCA?

Al igual que el tratamiento, la prevención debería hacerse también desde un planteamiento multidisciplinar que abarcara diversos entornos relacionados con el TCA.

Formación de diversos especialistas médicos (pediatras, ginecólogos, endocrinólogos, médicos de familia)

Su aportación a la prevención de los TCA se concreta en:

- La promoción desde la infancia de unos hábitos alimentarios y de ejercicio físico saludables para prevenir la obesidad infantil.
- La detección precoz de casos de TCA en pacientes que consultan en primer lugar a profesionales médicos no especializados.

Estos especialistas juegan un papel fundamental a la hora de detectar signos y síntomas clínicos relacionados con el TCA, como la amenorrea, la osteoporosis, el descenso de los niveles de potasio en sangre, el bajo peso, el retraso del crecimiento, etcétera.

Estos signos pueden ser la primera señal de alarma de que existe un TCA subyacente. Su identificación y la explicación que el médico haga al paciente y a su familia pueden ayudar a la comprensión de la enfermedad y a la toma de conciencia necesaria para que el paciente acepte iniciar un tratamiento especializado. Así vemos cómo la formación de los diversos especialistas respecto a los TCA es fundamental para la identificación precoz de los casos y para el inicio de un tratamiento especializado, que será de mayor eficacia que los tratamientos que se inicien de forma tardía.

Información a la población general

Es muy importante que se transmita información sobre los TCA a los docentes, familias, medios de comunicación, etcétera para conseguir cambios en los modelos estéticos defendidos por nuestra sociedad, y para dar su justa importancia al problema cuando surja en el entorno de la persona afectada y acudir a un profesional especializado.

La población general debería tener más información sobre:

- Las características de los TCA y las graves consecuencias que conllevan.
- Los factores favorecedores de los TCA (valores estéticos, modelos de belleza, los riesgos de iniciar dietas, etcétera).
- Los signos de alarma que pueden hacer sospechar la existencia de un TCA en fases precoces y favorecer la solicitud de valoración médica.

Es fundamental que la población general —sobre todo los grupos de mayor riesgo y sus entornos (adolescentes, deportistas, bailarinas, modelos etcétera)— tenga la información adecuada respecto a los riesgos asociados a los valores estéticos de nuestra sociedad, la importancia de tener unos hábitos alimentarios saludables y todos aquellos factores que pueden favorecer el desarrollo de los TCA.

Medios de comunicación

En este sentido, diversas instituciones han promovido iniciativas encaminadas a la promoción de la salud y la prevención de la anorexia y la bulimia. Podemos destacar la reciente colaboración entre el Colegio de Periodistas de Cataluña, la Academia de las Ciencias y las Artes de la Televisión y la Fundación Imagen y Autoestima (IMA), que han acordado trabajar conjuntamente para impulsar una imagen corporal saludable y unos buenos hábitos alimentarios desde los medios de comunicación social.

Recientemente han publicado un decálogo de buenas prácticas sobre el fomento de la autoestima y la imagen corporal positiva en los medios de comunicación (www.f-ima.org):

1. Promover la imagen de modelos corporales que fomenten la salud.

2. Fomentar la diversidad corporal y el respeto a la misma.

3. Evitar la promoción de conductas que puedan ser de riesgo para el desarrollo de trastornos, especialmente la promoción de dietas que no informan de los posibles peligros para la salud.

4. Promover estilos de vida y hábitos alimentarios saludables, evitando la difusión de falsos mitos.

5. Promover el fomento de la autoestima más allá del físico.

6. Evitar la proyección/construcción de modelos asociados a la apariencia física.

7. Fomentar estilos de vida saludables en la población infantil en horarios restringidos como método de prevención de trastornos de la conducta alimentaria y de la obesidad.

8. Proteger especialmente a la población adolescente que es el colectivo más predispuesto a sentirse insatisfecho con el físico y a incorporar conductas de riesgo.

9. Promover mensajes y contenidos sobre las mujeres no focalizados en la apariencia física.

10. Mostrar sensibilidad y rigor en el acercamiento a los trastornos de la conducta alimentaria como enfermedad.

Figura 7.1. El impacto de los medios de comunicación en la población es importante en el desarrollo de los TCA

También el Consejo del Audiovisual de Cataluña ha redactado una serie de recomendaciones sobre el manejo de la anorexia y la bulimia nerviosas en los medios de comunicación audiovisual. En el mismo se incluyen una serie de sugerencias dirigidas a los medios publicitarios:

- La publicidad de productos destinados a la pérdida de peso ha de ser clara y no provocar confusión (no presentar productos como milagrosos o con propiedades nutritivas que no tengan).

- No incluir publicidad de productos destinados a la pérdida de peso en horario infantil.

- En horarios no protegidos, evitar la publicidad de productos o servicios destinados a la pérdida de peso que puedan ser nocivos para la salud, que fomenten el consumo de alimentos poco saludables o que provoquen la confusión entre las propiedades del producto y el prestigio del personaje anunciante.

- La publicidad sobre las propiedades médicas o dietéticas atribuidas a los productos alimentarios debe estar avalada por un especialista.

- No presentar productos como chucherías, aperitivos, etcétera como alimentos que pueden sustituir una comida principal.

- En la publicidad de los productos adelgazantes hay que incluir un texto que alerte sobre los riesgos de desarrollo de un TCA y que informe que se trata de productos que requieren de supervisión médica.

También incluye una serie de consejos relativos a los contenidos audiovisuales:

- Diversificar las fuentes informativas y solicitar asesoramiento de personas acreditadas por su profesionalidad.

- Explicar los TCA en su globalidad, abarcando los síntomas, el tratamiento y las posibles consecuencias y evitando la simplificación o banalización de estas enfermedades.

- Es importante que el aspecto físico de las personas que aparecen en los medios de comunicación sea saludable y se corresponda con la realidad y su diversidad.

- Presentar situaciones en que se promocionen los hábitos saludables derivados de una alimentación correcta.

- Evitar el sensacionalismo y la morbosidad cuando se aborde el tema de los TCA, tanto a nivel visual como de contenido.

- Ser cuidadoso a la hora de dar información sobre los TCA, en cuanto a desvelar aspectos que puedan favorecer el inicio de la enfermedad en poblaciones de riesgo.

- Evitar los estereotipos que perpetúan unos cánones de belleza extremadamente delgados.

- Controlar aquellas páginas web que hagan apología o faciliten el desarrollo de los TCA. Las instituciones sanitarias han adoptado mecanismos para controlar este tipo de webs y blogs, y bloquear su funcionamiento.

Como podemos observar, el principal puntal de la prevención es la información responsable a los diversos estamentos sociales que pueden influir en la detección precoz y en el desarrollo de los TCA.

Puntos clave

- Es primordial la formación de los diversos especialistas médicos relacionados con los TCA y su sintomatología, de cara a la detección precoz de los mismos y al fomento de hábitos de vida saludables.
- Es fundamental que se transmita a la población general la información adecuada respecto a los riesgos asociados a los valores estéticos de nuestra sociedad, la importancia de tener unos hábitos alimentarios saludables y todos aquellos factores que pueden favorecer el desarrollo de los TCA.
- Los medios de comunicación deben favorecer la información sobre los TCA y promover hábitos de alimentación y vida saludable y cambios en los modelos estéticos de nuestra sociedad.

8. ¿Cuáles son las señales de alarma más frecuentes respecto a los TCA?

La elevada frecuencia con que se presentan los TCA (Trastornos de la Conducta Alimentaria) en nuestra sociedad hace que muchas personas se cuestionen si algún miembro de su familia o de su entorno social presenta uno de estos trastornos, principalmente en determinadas poblaciones de riesgo, por aficiones o por edad (por ejemplo, mujeres adolescentes, bailarinas, modelos, etcétera).

Como hemos comentado anteriormente, las personas afectas de un TCA no suelen ser conscientes de la gravedad de su enfermedad, principalmente en fases iniciales, y no suelen solicitar ayuda médica. En este sentido, es muy importante el papel de los familiares y amigos de la persona que padece un TCA, de cara a favorecer la toma de conciencia de su padecimiento y la necesidad de solicitar ayuda médica.

Las principales señales de alarma que pueden hacernos sospechar que alguien de nuestro entorno padece un TCA son los síntomas clínicos que hemos descrito en los capítulos previos.

Cambios característicos en las personas que padecen anorexia nerviosa

• Cambios en la conducta alimentaria en forma de un enlentecimiento del ritmo de ingesta de comida, con tendencia a juguetear y desmenuzar los alimentos y a dejar siempre el plato con comida. Acostumbran a aumentar la ingesta de líquidos.

• Controlan la cantidad de calorías y la proporción de grasas y azúcares de los alimentos. Suelen elegir alimentos *light*, que suelen calificar como "sanos", a pesar de que su alimentación es claramente insuficiente.

• Hablan continuamente sobre la comida y se aficionan a cocinar para la gente que les rodea. Preparan platos hipercalóricos que ellos no comerán.

• Suelen aumentar mucho su actividad física para aumentar el gasto de energía y favorecer la pérdida de peso, tanto en forma de actividad deportiva como en sus actividades cotidianas. Por ejemplo, se desplazan andando a todos sitios, suben muchas escaleras, etcétera.

- A pesar de la pérdida de peso progresiva, los pacientes siguen haciendo comentarios sobre su vivencia de sobrepeso e insatisfacción corporal, influenciados claramente por la percepción distorsionada que tienen de sí mismos.

- En ocasiones, visten con prendas que destacan la silueta, aunque habitualmente tienden a vestir ropa muy ancha para disimular la extrema delgadez.

- También es habitual que se centren en los estudios de forma obsesiva y muestren unos elevados niveles de exigencia y unos planteamientos claramente perfeccionistas.

- Suele observarse un cambio de carácter, con reacciones de irritabilidad y clara tendencia al aislamiento social. Huyen de las personas cercanas que intentan relacionarse con ellas, se muestran calladas y tienen una expresión emocional muy aplanada, sin oscilaciones frente a los estímulos ambientales.

- Pueden aparecer rituales relacionados con el orden y la limpieza. Los pacientes ordenan sus ropas de una forma estricta según colores, tejidos, etcétera, sin permitir que nadie modifique esta organización. Estas conductas también pueden afectar a sus hábitos de higiene personal, al orden de la cocina, etcétera.

- Si alguien invade su espacio personal y modifica su orden o no permite que realice estos rituales, la reacción del paciente es de intensa ansiedad e irritabilidad, presentando claras dificultades para controlar su reacción emocional.

- Les cuesta adaptarse a los cambios y necesitan tener todas sus actividades programadas.

Cambios característicos en las personas que padecen bulimia nerviosa

- Este tipo de pacientes muestran una gran preocupación por la comida, su peso y su imagen corporal, los cuales son también sus principales temas de conversación.

- No suelen perder tanto peso como en el caso de la anorexia, pero sí son frecuentes las variaciones de peso, tanto al alza como a la baja.

- En las comidas en que están acompañados suelen hacer dieta, o incluso ayuno, justificando que han comido anteriormente.

- Suelen comer a un ritmo muy acelerado y parece que "engullen" más que comen.

- Los atracones suelen llevarlos a cabo cuando están solos. Una señal de alarma será la desaparición de grandes cantidades de comida de la nevera y la despensa, lo cual no cuadra con la aparente dieta que sigue el paciente.

- Tras las comidas acostumbran a ir al lavabo donde pasan bastante rato, ya que es entonces cuando suelen vomitar o purgarse.

- Podemos observar también una tendencia al desorden o al caos en la planificación de sus actividades, sus relaciones sociales, el orden de sus cosas, etcétera.

- Suele apreciarse una disminución en su rendimiento académico o laboral.

- Se asocian otras conductas impulsivas, como compra compulsiva, tendencia a la sustracción de objetos, abuso de alcohol y otras drogas, desinhibición sexual, etcétera.

Recomendaciones en cuanto a la actitud a seguir

Estos cambios en la manera de comportarse de las personas afectas de un TCA provocarán en su entorno la vivencia de que la persona ha cambiado. Para conseguir que nuestro familiar o amigo se conciencie de la importancia de su problema, es muy importante transmitirle nuestra preocupación respecto a los cambios observados. Este proceso debe ser muy cuidadoso y nada agresivo y debe transmitir sensación de seguridad y apoyo, tanto a nivel práctico como emocional.

Es muy difícil para la persona que padece un TCA compartir sus temores y sus dificultades, y además suele percibir que el TCA le aporta control y seguridad. Por lo tanto, nuestro acercamiento debe ser cuidadoso y fomentar siempre la seguridad de la persona en sí misma y en las personas que le rodean.

Es frecuente que la persona que padece el TCA se muestre esquiva y rechace hablar del tema, o muestre una reacción de irritabilidad. Serán necesarios varios intentos de acercamiento hasta que consigamos una respuesta favorable y la persona afecta del TCA pueda hablar de sus dificultades y acepte iniciar un tratamiento.

Aunque las personas del entorno tengan la sensación de que el paciente rechaza su ayuda repetidamente, esto no debe desanimarles, porque hay que entender que muchas veces este proceso de toma de conciencia es lento y hay que persistir en nuestra intención y buscar distintos momentos para abordar el problema. En ocasiones, el médico de familia o el pediatra de cabecera puede ser un buen interlocutor que puede abordar el problema más fácilmente y con menos carga emocional que los familiares o amigos del paciente.

Se puede encontrar más información sobre los TCA en páginas web como www.aeetca.com, www.acab.org, o www.maudsleyparents.org, esta última en inglés. En estas páginas encontrarán información general sobre los TCA, sobre centros y especialistas en su tratamiento, así como recomendaciones bibliográficas para ampliar la información según los intereses de cada lector.

Puntos clave

- Las personas que rodean al paciente afecto de un TCA son fundamentales a la hora de identificar los signos de alarma y ayudar al paciente a tomar conciencia de la importancia de su patología, y de la necesidad de solicitar tratamiento.
- Las principales señales de alarma son los cambios de peso y de conducta en torno a la comida, así como las variaciones en su carácter, su nivel de actividad y su forma de relacionarse con el entorno.
- El acercamiento a la persona que padece un TCA debe ser cuidadoso y fomentar siempre la seguridad de la persona en sí misma y en las personas que le rodean.